INSPIRING WOMEN WORDSEARCH

This edition published in 2024 by Arcturus Publishing Limited
26/27 Bickels Yard, 151–153 Bermondsey Street,
London SE1 3HA

AD008658NT

Printed in the US

CONTENTS

INTRODUCTION

"Beware; for I am fearless and
therefore powerful."

Mary Shelley

Throughout history, the contributions of women have often
been overlooked, or downplayed. This wonderful collection of
wordsearches seeks to correct that with 120 informative and brilliant
puzzles, all based on the achievements of women. Recent political
and protest movements, such as The Women's March and the Me
Too Movement have seen women stepping out of the shadows and
announcing their presence.

We look to build on that with this book which contains puzzles
dedicated to all manner of women, some who are already well-
known and celebrated such as Marie Curie and Oprah Winfrey, and
others who may be less well-known but no less remarkable, such
as Amrita Sher-Gil and Leymah Gbowee. From all walks of life and
corners of the world, these women have one thing in common:
succeeding and excelling in a world designed to prefer men.

"Every woman's success should be an
inspiration to another. We're strongest
when we cheer each other on."

Serena Williams

Included within are puzzles dedicated to exceptional individuals, as well as those that celebrate specific groups of women who have thrived in particular fields, from politicians and mathematicians to aviators and actors. Wherever you choose to start, you're sure to feel inspired. Each of the puzzles is accompanied either by an inspirational quote, or a short biography of its titular subject, with select puzzles presented with more in-depth biographies designed to give you greater insight into the women featured.

The aim of the collection is to celebrate the achievements of women, empower others to follow in their footsteps, and shed light on those whom history may have overlooked, while also providing an entertaining escape from the world through the joy of completing puzzles.

Each puzzle has a grid and a wordlist and you must simply find each word from the list within the grid. However, for some puzzles you will notice that certain words are underlined. In these puzzles, the underlined words are the only ones that you need to look for within the grid.

Do you want to know who the first woman to pilot a hot air balloon was? Who the night witches were? And who is considered "the mother of civil rights"? Then dive straight in and learn the answers as you complete the fascinating puzzles within.

**"Hope has bred change again and again.
To be hopeless is to disregard history."**

Ava DuVernay

Toni Morrison (1931–2019)

```
C S A T E R A G R A M S U L A
O T M R E L I A M C S E N T N
F D E T A R B A B Y D O V H O
D I R A N D O M S I T D Z E M
E P C E S G T P T E H Z N B E
V A Y T A V E O C M A O Y L D
O R S N I M R N P J V P M U S
L A T O P O I O S E R U L E E
E D S M V R N N L Y D L L S D
B I I O P W E I G R U I E T C
D S Y L R V S D A D G T N E U
L E A O G T R W A D D Z R Y V
I A S S S O N F B F E O E S
H S S V B H C U L L N R C P E
C F E R U T A R E T I L S A E
```

◊ *A MERCY*
◊ *BELOVED*
◊ CORNELL UNIVERSITY
◊ *DESDEMONA*
◊ *DREAMING EMMETT*
◊ EDITOR
◊ ESSAYIST
◊ *GOD HELP THE CHILD*
◊ *HOME*
◊ HOWARD UNIVERSITY
◊ *JAZZ*
◊ MAILER PRIZE
◊ *MARGARET GARNER*
◊ NOBEL PRIZE IN LITERATURE
◊ NOVELIST
◊ *PARADISE*
◊ PRINCETON UNIVERSITY
◊ PULITZER PRIZE FOR FICTION
◊ RANDOM HOUSE
◊ *SONG OF SOLOMON*
◊ *SULA*
◊ *TAR BABY*
◊ *THE BLUEST EYE*

Toni Morrison was a Nobel Prize winning American author whose work explored themes related to the Black Experience, particularly focusing on the experiences of black women. She is perhaps best-known for the powerful novel *Beloved*, an examination of the lingering effects of slavery, that won the Pulitzer Prize for fiction in 1988.

Authors – Part One

```
U I K U L O R D E S O H I B T
L G S I R C A A O N K U D M U
B A N A N W R B U T Y O G W O
H I T I Y G E E A Y E N O O R
E O A N S G S R N U S O R H T
I H E S Y S T O E K L M S T S
L E T E E T E C L F O B M T N
T B U I I D W L U V E O U R A
T Y U O M H D M W H E F R E M
O T A T A S C A N E B R A B K
C T O R L B H I Y G I S T L C
L A T B L E M G D D C R W I A
A O S U B B R I I A L H O G L
N T M A L A V B A H J Y O S B
P E N H T M N U S H S S D M R
```

◊ ABBOTT
◊ ADICHIE
◊ ALCOTT
◊ ATWOOD
◊ BEHN
◊ BLACKMAN
◊ BLUME
◊ BROOKNER

◊ BUTLER
◊ DESAI
◊ GILBERT
◊ GYASI
◊ HIGHSMITH
◊ HOOKS
◊ JHABVALA
◊ KINGSOLVER

◊ LESSING
◊ LORDE
◊ RHYS
◊ ROONEY
◊ STROUT
◊ TARTT
◊ WHARTON
◊ WOOLF

"My own definition of a feminist is a man or woman who says, 'yes, there's a problem with gender as it is today and we must fix it, we must do better. All of us, women and men, must do better.'"

Chimamanda Ngozi Adichie

Feminists

```
S K O O H B N S G N N F G J V
T I F F T U C Z O F A F A A T
E N V M V R M C H N D B N M Y
I W U A D K L H R O E W P I O
N E P T D E V V T S I N P L A
E R N F E R S S H T R A P G N
M H C I R L U U H A F U N E T
E T I H C D G E D W P O I B H
H N T H R H R T R U T H U E O
T B A T E S S O A N C O D G N
I L W S P U F A A I L R R H Y
A T W O O D B T D E O E H A S
W R O X I O S A G L E W V C X
N N I G A N S N H R V T H O I
N C W H A C A E E L W L C E D
```

◊ ABOAH   ◊ COX   ◊ LORDE

◊ ADICHIE   ◊ DAVIS   ◊ STANTON

◊ ANGELOU   ◊ FRIEDAN   ◊ STEINEM

◊ ANTHONY   ◊ GAY   ◊ TRUTH

◊ ATWOOD   ◊ GREER   ◊ ULRICH

◊ BATES   ◊ HOOKS   ◊ WAITHE

◊ BURKE   ◊ HUGHES   ◊ WATSON

◊ CIXOUS   ◊ JAMIL   ◊ WITHERSPOON

"Well-behaved women seldom make history."

Laurel Thatcher Ulrich

4 Inventors

◊ ASKINS
Photo Enhancement, 1978

◊ BABBIT
Circular Saw, 1813

◊ BATH
Laserphaco Probe, 1986

◊ BEASLEY
Life Raft Improvements, 1880

◊ BLODGETT
Nonreflective glass, 1935

◊ BRILL
Rocket Propulsion System, 1967

◊ COCHRANE
Dishwasher, 1886

◊ CONNELLY
Fire Escape, 1887

◊ COSTON
Signal Flares, 1859

◊ FITZ
Table Top Globe, 1875

◊ FORBES
Electric Water Heater, 1917

◊ HOPPER
Linker, 1952

◊ JOHNSON
Ice Cream Maker, 1843

◊ JONES
Plane Muffler, 1923

◊ KNIGHT
Flat-bottomed Paper Bag, 1868

◊ KWOLEK
Kevlar, 1971

◊ LAMARR
Wireless Transmission Technology, 1942

◊ LOVELACE
Computer Algorithm, 1843

◊ MAGIE
The Landlord's Game (Monopoly precursor), 1904

◊ MATHER
Underwater Telescope, 1845

◊ MORGAN
Hydyne Rocket Fuel, 1957

◊ TELKES
Solar-powered House, 1980

◊ WILCOX
Car Heater, 1893

◊ ZIMMERMAN
Blissymbol Printer, 1984

```
A E R R A M A L T K S E N O J
R E P P O H O R E R N E H Y U
A L E R A I O H L T O I C G Y
E H G Y T G A C K U V R G S V
E A T B K W O L E K D E M H E
N Y W I L C O X S L C I A N T
O L F A H W L U V A C G T A T
B L Y R U L S U L W S O H W E
V E A Z I M M E R M A N E J G
O N A R W B V M B S U O R O D
E N B S A O G F K R M P Z H O
W O B B L C R I I A O T D N L
T C B A F E N H G F I F O S B
V I D T B S Y I H F P O D O N
T A O H S S E N O T S O C N S
```

"All creative people want to do the unexpected."

Hedy Lamarr

Greek Mythology

```
P M I A O A D E M O R D N A F
E H E N D A I R A H H H E T Y
R T E C R I C E Y E Y E P O P
S R V C H E V E A R U S R E U
E C L E U O V H E A O T A U A
P A X E G B P M N E F I O R T
H S G Y G M A E T O E A A O N
O S U W N H X D N H R D E P A
N A C S U Y V E R E E R V A L
E N E L L E L A I L R T I D A
C D R O S E M E L E R A I N T
C R P A H R R Y P C G O E S A
A A H R D H N T F T P H P T E
D R O E V L A D C R T U D F I
V W S P A N D O R A U V N H S
```

◇ ANDROMEDA   ◇ EUROPA   ◇ NYX
◇ ARIADNE   ◇ GAIA   ◇ PANDORA
◇ ATALANTA   ◇ HECUBA   ◇ PERSEPHONE
◇ ATHENA   ◇ HELEN OF TROY   ◇ POLYXENA
◇ CASSANDRA   ◇ HERA   ◇ PYRRHA
◇ CIRCE   ◇ HESTIA   ◇ RHEA
◇ ECHO   ◇ LEDA   ◇ SEMELE
◇ ELECTRA   ◇ MEDEA   ◇ THETIS

"All this while, I have been a weaver without wool, a ship without the sea. Yet now look where I sail."

Madeline Miller (Circe)

Composers

```
A K A B B R W H S N U Y V I K
N N E O C A C C I N I B F P O
O O C S A A R I A H O R T A O
S M I M E N D E L S S O H N P
C G R B H I G D O N W E N U W
H U P S A Y Y B G E D K A F R
U B I N C N E R R A F R H N E
M A Z A E I I L O Z Z A M I G
A I Z M E B H S W V A L U K N
N D O T D O E I M E H C S F A
N U R R C U L L C Y I A G Y L
Y L T O I I D A I S T R R G U
E I S P C E D L Y T I H A G O
A N V H W M C F E U C H V O B
M A E T D G A H T Y B G E W U
```

◊ BEACH
◊ BOULANGER
◊ CACCINI
◊ CLARKE
◊ DUDLEY
◊ FARRENC
◊ GOW
◊ GUBAIDULINA

◊ HIGDON
◊ MAZZOLI
◊ MENDELSSOHN
◊ MONK
◊ MUSGRAVE
◊ PANUFNIK
◊ POOK
◊ PORTMAN

◊ PRICE
◊ SAARIAHO
◊ SCHUMANN
◊ SMYTH
◊ STROZZI
◊ TOWER
◊ WEIR
◊ ZWILICH

"I feel I must fight for [my music] because
I want women to turn their minds to big
and difficult jobs, not just to go on hugging
the shore, afraid to put out to sea."

Ethel Smyth

7   Queen Elizabeth I (1533–1603)

```
J P Y I R E L A N D Y B W B C
O S T T K I F E I C I L N H G
H A M A O W S V A R M I U O I
N G R D O W D M L H C R O M R
D D R M E R E Y W H C D U A A
E I A A A R P R O H Q U L I N
E H P W P D F L Y U B E B L A
M N D U C N A Y E E I E Y L I
N E S E O S T E R G L A T I R
Y A C U C G N B H V N D H W O
E I L H U B Y M A R Y I U T L
L G A H E N R Y V I I I U D G
O M L S R I C H M O N D B L B
B L S T N A T S E T O R P Y D
S S E Y M O U R U R G E T B U
```

- ◇ ACT OF SUPREMACY
- ◇ ROGER ASCHAM
- ◇ ANNE BOLEYN
- ◇ WILLIAM CECIL
- ◇ CHURCH OF ENGLAND
- ◇ FRANCIS DRAKE
- ◇ ROBERT DUDLEY
- ◇ EDWARD VI
- ◇ GLORIANA
- ◇ GOOD QUEEN BESS
- ◇ HENRY VIII
- ◇ IRELAND
- ◇ JOHN DEE
- ◇ MARY I
- ◇ NICHOLAS THROCKMORTON
- ◇ CATHERINE PARR
- ◇ PROTESTANT
- ◇ WALTER RALEIGH
- ◇ RICHMOND PALACE
- ◇ THOMAS SEYMOUR
- ◇ WILLIAM SHAKESPEARE
- ◇ THE SPANISH ARMADA
- ◇ TOWER OF LONDON
- ◇ TUDOR

The last of the five Tudor monarchs of England, Elizabeth I was a more moderate leader than her forebears. She was a tolerant queen and did her best to avoid persecution of her subjects. Her reign, referred to as the Elizabethan age, is viewed as a golden age of progress during which England was a major force in European arts and politics.

```
O A I I E H T E R G R A M C A
E I I O G R O G E S O G C L R
L I N R J A D W I G A E P E S
I I U F O S I R Y M O T H O I
Z E T A Y T U B E T U L I P N
A C R H A F C R O B R U L A O
B I O H I U A I O N F S I T E
E N N N A G W U V I E T P R I
T E A V A N D N G Y E Z P A I
H R E B P I F D R Z Y G A V N
I E L A C J A A U N C J F I G
I B E C W E M W I V O R L I L
O V A S E R E H T A I R A M I
I T I T R E F E N I L O R A C
T C A T H E R I N E B M I T L
```

◊ ARSINOE II
◊ BERENICE III OF EGYPT
◊ BOUDICCA
◊ CAROLINE OF ANSBACH
◊ CATHERINE THE GREAT
◊ CLEOPATRA VII
◊ EADGIFU

◊ ELEANOR OF AQUITAINE
◊ ELIZABETH II
◊ GORGO
◊ JADWIGA OF POLAND
◊ JINGU
◊ JOAN I OF NAVARRE
◊ MARGRETHE II OF DENMARK

◊ MARIA THERESA
◊ MARY OF GUISE
◊ NEFERTITI
◊ PHILIPPA OF HAINAULT
◊ RANI OF JHANSI
◊ TAYTU BETUL
◊ TOMYRIS
◊ VICTORIA
◊ WU ZETIAN
◊ ZENOBIA

"It has always been easy to hate and destroy. To build and to cherish is much more difficult."

Queen Elizabeth I

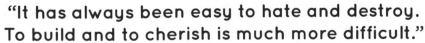

```
S E D I U A S U D L L I R H S
C F C A M S H O L L D S W U R
L I V I N G A O U T Y N I I E
B S I U C Y M R W T A B L W D
A S F H P G E S R M S M L S N
C G U S D S D N O F P I L H E
K N T R C E T W L T G A D A G
L I U S I H R V O I Y B U E A
A H R M I L N C S B F R A H R
S T E R T N I A A P R E U O L
H S S A T Y I R G S B N A F B
U N D O I N G M G U G D B L F
N M S E C O N D E E I M A D E
V E E B O R T E R F I N H V T
O R M D C R O P P D E H E E E
```

◊ *AIN'T I A WOMAN?*

◊ *BACKLASH*

◊ *BAD FEMINIST*

◊ *EVE WAS SHAMED*

◊ *GENDER TROUBLE*

◊ *GOOD AND MAD*

◊ *HOW TO BE A WOMAN*

◊ *HUNGER*

◊ *MEN EXPLAIN THINGS TO ME*

◊ *MY LIFE ON THE ROAD*

◊ *SHRILL*

◊ *SISTER OUTSIDER*

◊ *SLAY IN YOUR LANE*

◊ *THE COST OF LIVING*

◊ *THE FUTURE IS FEMINIST*

◊ *THE SACRED HOOP*

◊ *THE SECOND SEX*

◊ *THIS WILL BE MY UNDOING*

"I embrace the label of bad feminist because I am human. I am messy. I'm not trying to be an example. I am not trying to be perfect... I am just... trying to do some good in this world."

Roxane Gay

Margaret Hamilton (1936–)

```
L A I T N E D I S E R P U C B
C O L L E G E S W L R M L R I
A S L S E N I T U O R E I S Y
V S U L O N G E J E N F O T A
Y O A L A S R E V I N U M D D
A F T N R S C L N E S O A N I
L T B B E T A E N U D N I R R
P W Y W M N A G C E N W R E I
S A N A G R I S E E L E V P V
I R C U L N V R M R E A B A A
D E A H E V F S I E S A E R P
G G A E E S H H A H T U S D O
E M R D R A W A H U B S B A L
U S N N C S U S E I T D Y Y L
Y T I R O I R P B A L Y K S O
```

◊ APOLLO FLIGHT SOFTWARE

◊ ADA LOVELACE AWARD

◊ DISPLAY INTER-FERENCE ROUTINES

◊ DRAPER LABORATORY

◊ EARLHAM COLLEGE

◊ FLORENCE LONG

◊ MIT

◊ NASA

◊ PRESIDENTIAL MEDAL OF FREEDOM

◊ PRIORITY DISPLAYS

◊ PROJECT MAC

◊ PROJECT WHIRLWIND

◊ SAGE PROJECT

◊ SKYLAB

◊ SYSTEMS ENGINEER

◊ UNIVERSAL SYSTEMS LANGUAGE

◊ USE.IT

Margaret Hamilton is an American computer scientist and systems engineer who headed the MIT laboratory responsible for the on-board flight software of the NASA Apollo program. Without her work, the moon landing may have never succeeded.

```
I  T  P  G  W  G  H  T  P  U  W  E  B  E  R
Y  E  V  N  N  S  T  A  N  D  A  F  P  A  N
A  R  G  A  T  O  R  L  N  O  S  Y  D  O  F
P  E  Y  L  T  G  O  Y  A  D  S  N  D  P  G
I  S  D  S  R  U  B  I  N  S  O  I  A  T  M
N  H  F  I  A  E  I  G  F  B  A  Y  M  H  B
G  K  I  N  R  D  T  T  C  A  E  C  W  E  B
Y  O  S  G  A  G  I  L  N  T  E  G  O  V  J
D  V  H  U  E  M  V  C  T  L  N  G  M  H  E
R  A  E  O  U  U  R  E  U  A  L  W  A  H  C
B  B  R  L  L  S  O  A  M  L  V  Y  V  E  D
S  E  R  O  V  A  I  E  H  N  K  G  B  D  A
R  N  A  V  I  L  L  U  S  S  Y  O  B  G  V
Y  N  A  G  R  O  M  N  I  A  L  C  C  M  I
L  R  E  P  C  I  K  A  Z  A  M  A  Y  H  S
```

◊ BONDAR   ◊ LUCID   ◊ SHARMAN

◊ CHAWLA   ◊ MCCLAIN   ◊ STOTT

◊ COLEMAN   ◊ MORGAN   ◊ SULLIVAN

◊ DAVIS   ◊ NYBERG   ◊ TERESHKOVA

◊ DYSON   ◊ PAYETTE   ◊ WEBER

◊ FISHER   ◊ RIDE   ◊ YAMAZAKI

◊ JEMISON   ◊ RUBINS   ◊ YANG

◊ KOCH   ◊ SEROVA   ◊ YAPING

"Never be limited by other people's limited imaginations."

Mae Jemison

Female Founders

```
Y E V A B G S I K D Y N D M Y
T R L Z W U L D A R A L Y U H
T T Y N H F S P L M A Y L Z T
P J U T L A A Q Y E V L T I A
K I R L I D N H U B I R C A O
C G F B E A N G U E A F T D U
I W E I S S D R E H E F L O W
D B R O S E N L U N D N T H C
D F J A M I E S O N A U T I P
O R M A H T A L F D P U A R E
R O U M T G S L O R R O T U H
M B O D E N E R M U S T A R D
P W R E K I R E N R E L R I W
M S O S S I W O J C I C K I E
B D M S O S N I K R E P O N L
```

◊ AVEY	◊ HYMAN	◊ RODDICK
◊ BODEN	◊ JAMIESON	◊ ROSENLUND
◊ BUSQUE	◊ JUTLA	◊ RUDKIN
◊ CLARK	◊ LATHAM	◊ TATARKO
◊ FIELDS	◊ LERNER	◊ WEISS
◊ FLEISS	◊ MUSTARD	◊ WOJCICKI
◊ FRIED	◊ PERKINS	◊ WOLFE HERD
◊ HARTZ	◊ RODAN	◊ ZHANG

"When something I can't control happens, I ask myself: where is the hidden gift, where is the positive in this?"

Sara Blakely

13   Marie Curie (1867–1934)

Marie Curie was a naturalized French physicist born Maria Skłodowska in Warsaw, Poland, 1867. Curie was the first woman to win the Nobel Prize, receiving the Physics prize in 1903 alongside her husband Pierre Curie and Henri Becquerel.

Born to poor teachers, Curie's beginnings were humble. Marie finished school with a gold medal but her circumstances and gender prevented her from pursuing the further education she craved, she instead became a governess. Soon, however, her sister offered her the opportunity to move to Paris where she would be able to attend university, and Marie moved to France in 1891.

Marie was a passionate student of Mathematics and Physics at Sorbonne University. In 1894 she met Pierre Curie who would become her husband. She began working with her husband at the School of Chemistry and Physics in Paris (ESPCI Paris), studying the rays given off by uranium which had been discovered by Henri Becquerel. The Curies' investigations led them to the discovery of two new elements, polonium and radium. They were unaware of the dangers of the work they were undertaking, with both elements being far more radioactive than uranium. It was this work that won Marie her first Nobel Prize.

After Pierre's tragic death in 1906, Marie continued her research and won a second Nobel Prize, this time for Chemistry in 1911. During World War I she developed a mobile x-ray unit called a *Petite Curie*. Alongside her daughter Irène, later a Nobel laureate herself, Curie went to the front and used the machine to locate shrapnel and bullets in casualties. Curie's work and research continued post-war, including being a member of the League of Nations alongside other preeminent researchers such as Albert Einstein. Marie died as a result of long-term exposure to radiation in 1934. She is still well-remembered for her achievements today.

"Nothing in life is to be feared, it is only to be understood. Now is the time to understand more, so that we may fear less."

Marie Curie

```
D N A L O P N O R E M A C S S
O R M H H L B S W A R S A W Y
F F M U E M I H I X T U E D L
L E N B I E N F I R S T R I H
E P O L O N I U M A A A G C N
A N P I M E A G H Y D P E H N
G D H H S U R N I O R I E I
U A C D Y I C C U E T T A M L
E L P W R S T M B O Y T F I K
M S U I I S I H B P B R S S N
Y R E S E A R C H T A I S T A
I V G O N R M M S N R L E R R
A B A L B E R T C E N V F Y F
Y T N D N T F E N T E S P C I
L E R E U Q C E B Y G N P O P
```

◊ ALBERT MEDAL
◊ HENRI BECQUEREL
◊ CAMERON PRIZE
◊ CHEMISTRY
◊ DAVY MEDAL
◊ ESPCI
◊ EVE
◊ FIRST WORLD WAR
◊ FRANCE
◊ FRANKLIN MEDAL
◊ IRENE
◊ LEAGUE OF NATIONS

◊ MATTEUCCI MEDAL
◊ NOBEL PRIZE
◊ PARIS
◊ PHYSICS
◊ PIERRE CURIE
◊ POLAND
◊ POLONIUM
◊ RADIUM
◊ RESEARCH
◊ URANIUM
◊ WARSAW
◊ X-RAY

Best Actress Oscar Winners – Part One

```
H E C Y T R A E G N A L G O G
P A C K D K E C A P S A Z L N
Y A N N V N H W O M G E O A I
G G N A E M A H I L L M M T L
H A Y W A R D T T L B Y A G T
L A R S O N H E W O W E S F A
A U H B I A Y E W L O E R I M
D P R A E S G D F H N B U T K
N W I T H E R S P O O N R C R
O B N E R E Y C J V L L O D P
F O F S S H O G P O P L B B D
A L M S E A N O R Y L L E K L
A W L C F U N E G U S R R I E
U E R D O Y N S B M R U T S I
R B E Y G Y O V L Y V W S T F
```

◊ BATES	◊ HAYWARD	◊ SMITH
◊ BERRY	◊ JONES	◊ SPACEK
◊ BOOTH	◊ KELLY	◊ SWANK
◊ BULLOCK	◊ LANGE	◊ TANDY
◊ COLBERT	◊ LARSON	◊ WITHERSPOON
◊ DRESSLER	◊ LOREN	◊ WYMAN
◊ FIELD	◊ MATLIN	◊ YOUNG
◊ FONDA	◊ ROBERTS	◊ ZELLWEGER

"To be a revolutionary you have to be a human being. You have to care about people who have no power."

Jane Fonda

```
R E H C A E T L O O H C S I G
H Y T A R D A B S H I R L E Y
Y M A R I L L A R O F A R M C
B G U M R F K R E Y H T N P A
Q B U O A N A R D H I R O S V
U U L D C T T Y M E A U I A E
T P E Y B E I S O J E L T V N
Y N L E T V V U N Y L G A G D
O C V O N H E A D I N R N W I
R F I R O S E V G A O E I E S
P A D A N A C E A E V E G H H
H L C C L Y G R C V A N A T C
A E L L V U T Y H E M W M T G
N A A D S W E R D N A M I A I
R N H V S P I L L I H P R M S
```

- ◊ REVEREND ALLAN
- ◊ JANE ANDREWS
- ◊ AVERY SCHOLARSHIP
- ◊ AVONLEA
- ◊ DIANA BARRY
- ◊ GILBERT BLYTHE
- ◊ CANADA
- ◊ CARMODY SCHOOL
- ◊ CAVENDISH
- ◊ FARM
- ◊ GERTIE
- ◊ RUBY GILLIS
- ◊ GREEN GABLES
- ◊ IMAGINATION
- ◊ JOSIE
- ◊ MARILLA
- ◊ MATTHEW
- ◊ MR PHILLIPS
- ◊ ORPHAN
- ◊ QUEEN'S ACADEMY
- ◊ REDMOND COLLEGE
- ◊ SCHOOL-TEACHER
- ◊ ANNE SHIRLEY
- ◊ TALKATIVE

"Oh, it's delightful to have ambitions...
And there never seems to be any end to
them—that's the best of it. Just as soon
as you attain to one ambition you see
another one glittering higher up still."

L.M. Montgomery

Ada Lovelace (1815–52)

```
R N A I C I T A M E H T A M B
R H U E D I A N C G M S E E V
N E G N A E V R N S S T R O A
O G U I L M O I I S A N A P M
D A S G R S T R O P O A S H H
I B T N S U E M H U N G O R T
R B A E P M E Y L O A R C E I
R A S M S R S L R E S O K N R
O B O E V I I Y R L W M H O O
T C M I C S B B E I O E A L G
Y O L I F G A Y I V A D M O L
G L A S R N M A R G O R P G A
E N P O E T I C A L I Y L Y Y
B L I M N T S Y L A N A G G B
N D B K D M I L B A N K E I H
```

◊ ALGORITHM
◊ ANALYST
◊ ANALYTICAL ENGINE
◊ AUGUSTA
◊ CHARLES BABBAGE
◊ BERNOULLI NUMBERS
◊ LORD BYRON
◊ COMPUTER PROGRAM

◊ COMPUTING
◊ ANDREW CROSSE
◊ AUGUSTUS DE MORGAN
◊ WILLIAM FREND
◊ HORSLEY TOWERS
◊ WILLIAM KING
◊ LOCH TORRIDON
◊ MATHEMATICIAN

◊ LUIGI MENABREA
◊ MESMERISM
◊ METAPHYSICIAN
◊ LADY MILBANKE
◊ OCKHAM PARK
◊ PHRENOLOGY
◊ POETICAL SCIENCE
◊ MARY SOMERVILLE

The only legitimate child of poet Lord Byron, Ada Lovelace was a brilliant mathematician who worked with Charles Babbage on his plans for an analytical engine. When translating an Italian paper on Babbage's work, she added an abundance of notes. This insight into the potential functions for the engine led to her being called the first computer programmer.

Mathematicians

```
L Z U Y N P B V C M A H G E F
H F T R Y I R R E G U E V N A
G E P E R L M A N A C L G W W
I G R M W D I E E O F F B O C
D C A S P A S E Y G E S U R E
A N O P C I R G U L E T U B T
U S D L H H Y O B D E R H B T
B L L I R R E M M H B O L E P
E B H L O V E L A C E B E K R
C A R T W R I G H T W I N R E
H S W J A C K S O N A N B A U
I M O K S P H A Y N E S E L F
E F E N A H G U A V Y O C C G
S E J O H N S O N P T N K B B
N G N N I A M R E G E S P E V
```

◊ AGNESI   ◊ FAWCETT   ◊ MERRILL

◊ BIRMAN   ◊ GERMAIN   ◊ MORAWETZ

◊ BLUM   ◊ HAYNES   ◊ NOETHER

◊ BROWNE   ◊ HERSCHEL   ◊ PERLMAN

◊ CARTWRIGHT   ◊ JACKSON   ◊ PRAEGER

◊ CHUNG   ◊ JOHNSON   ◊ ROBINSON

◊ CLARKE   ◊ KEEN   ◊ UHLENBECK

◊ DAUBECHIES   ◊ LOVELACE   ◊ VAUGHAN

"The beauty of mathematics only shows itself to more patient followers."

Maryam Mirzakhani

18 Eleanor of Aquitaine (c.1122–1204)

```
B I T L O T L O U I S V I I H
E M R S F S T Y H N E M E A E
R A A R L E D E W D P E R C R
N T E E H R N I A R N I A A A
A I H I B R D S I G C W Q U Y
R L N T Y A U S L H I U L D M
T D O I R R O A A I I N N W O
X A I O C N N R Y T W A H S N
E I L P M D D E A R M L Y O D
I M L E O V R I U R S P W C J
R U N A N F N N O R E L O M N
A T B W F E F N W G S T E A N
M M H O D U A R V E T N O F A
C V E X M A I L L I W J T O R
W G Y T A R E C N A R F I H H
```

◇ ALIX, COUNTESS OF BLOIS
◇ ARREST
◇ BERNART DE VENTADORN
◇ DUCHESS OF AQUITAINE
◇ DUKE OF NORMANDY
◇ FONTEVRAUD ABBEY
◇ GEOFFREY II

◇ HENRY II
◇ HOUSE OF POITIERS
◇ JOAN, QUEEN OF SICILY
◇ JOHN
◇ LOUIS VII
◇ MARIE
◇ MATILDA
◇ IMPRISONMENT
◇ QUEEN OF FRANCE

◇ QUEEN OF ENGLAND
◇ RAYMOND, PRINCE OF ANTIOCH
◇ RICHARD THE LIONHEART
◇ ROLLS OF OLERON
◇ SECOND CRUSADE
◇ WACE
◇ WILLIAM X

As the wife of the King of France, Louis VII, and later the King of England, Henry II, Eleanor was one of the 12th century's most powerful women. She was also the mother of three Kings of England, Henry the Young King, Richard I or Richard the Lionheart, and John.

Politicians

```
S N I U M O R A N K I N C Y S
U A G A N D H I G I L L A R D
U C L I N T O N E P N R R B F
C T U B I L E G W M E R A M A
R Q T A R R A S T O R C W L W
A E S S R I M E R K E L A D I
H R T A T H G E E M H E Y S L
C E W A A U B H Y F W U I M L
U H E S L G R G T I C R H A I
B C I A L S S G O P R U V L A
O T Z E W D E J E A A S D I M
L A R D E R N L H O R A C N S
K H E U T O O L E G N U R I Y
W T G E K S D U C K W O R T H
T P C O I M L O H S I H C M F
```

◊ ALBRIGHT   ◊ GANDHI   ◊ PELOSI

◊ AQUINO   ◊ GILLARD   ◊ RANKIN

◊ ARDERN   ◊ HARRIS   ◊ SLATER

◊ ASTOR   ◊ KLOBUCHAR   ◊ STURGEON

◊ CARAWAY   ◊ MALINI   ◊ THATCHER

◊ CHISHOLM   ◊ MEIR   ◊ WARREN

◊ CLINTON   ◊ MERKEL   ◊ WILLIAMS

◊ DUCKWORTH   ◊ OKONJO-IWEALA   ◊ ZEWDE

"True love is radical because it requires us to see ourselves in all people. Otherwise, it isn't love. Love is revolutionary because it has us treat ALL people as we would ourselves—not because we are charitable, but because we are one."

Alexandria Ocasio-Cortez

```
L W S U E A S I E S T A M B S
Y R O R I A M U S T A E M M U
N T I M E I D L A H B V E I C
M H N S E L P P B F T I N L E
P A D V R N E R S A S N D G M
W H I B S E I P C T R S I V E
H P A M L D T H H E C R C U T
I E O E E U L N D A L B A T E
T H R R E I N O I S N Y N A R
M E P A T E M A N A D T T H Y
A M L Z R R L F G L P A S I S
R O K I G L A E G U R I A T B
S Y H E O S V I L L A G E I F
H U C O T T N B T S A N T A D
D G N U O Y E R U S O L C N E
```

◇ *BRIDE'S* <u>TOILET</u>
◇ VICTOR <u>EGAN</u>
◇ *GROUP OF THREE* <u>GIRLS</u>
◇ <u>*HALDI*</u> *GRINDERS*
◇ *IN THE LADIES' <u>ENCLOSURE</u>*
◇ <u>MODERN</u> INDIAN ART
◇ *MOTHER <u>INDIA</u>*
◇ <u>PAINTER</u>

◇ BEVEN <u>PATEMAN</u>
◇ *<u>PORTRAIT</u> OF A YOUNG MAN*
◇ <u>SANTA</u> ANNUNZIATA
◇ *<u>SIESTA</u>*
◇ *<u>SUMAIR</u>*
◇ MADAM *<u>TACHLITZKY</u>*
◇ *<u>TAHITIAN</u>*
◇ *THE <u>BRIDE</u>*

◇ *THE MERRY <u>CEMETERY</u>*
◇ *THE POTATO <u>PEELER</u>*
◇ *TWO <u>ELEPHANTS</u>*
◇ *TWO <u>MENDICANTS</u>*
◇ MAJOR <u>WHITMARSH</u>
◇ *TWO <u>WOMEN</u>*
◇ *<u>VILLAGE</u> SCENE*
◇ *<u>YOUNG</u> GIRLS*

Amrita Sher-Gil was a painter whose work was pioneering in the Indian Modern Art movement. Much of her body of work focuses on the daily lives of Indian women during the 1930s, vividly capturing the loneliness and melancholy of her subjects. The power of her work resulted in the nickname "the Indian Frida Kahlo."

Artists

```
O G A C I H C S H E R G I L U
N I N I L T W F I I F Y O L D
T O G E H P A U S C E S D N I
D N T T D C O H H W I R A A W
I A A G T L S W S O T E F M N
F O M V N A O E E E V T K R B
D N L A E I S G L R N E L E L
V A B H S T R S E I S E I H A
N W E T A U R R A L T P N S U
S G H R O K K U A C L N T R S
L A A B E D O C T C F I E A R
N S M A R T I N A S W K V G W
A D C O G I I P O G L A I A S
E H U Y H O E H N A G F T O S
R E P I P T F F W E A I F G Y
```

◊ AF KLINT   ◊ GOLDEN   ◊ SAVAGE

◊ BLAU   ◊ KAHLO   ◊ SAVILLE

◊ BOURGEOIS   ◊ KUSAMA   ◊ SHER-GIL

◊ CAPET   ◊ MARTIN   ◊ SHERMAN

◊ CARRINGTON   ◊ NESHAT   ◊ STURTEVANT

◊ CASSATT   ◊ PEETERS   ◊ THOMAS

◊ CHICAGO   ◊ PIPER   ◊ WALKER

◊ GENTILESCHI   ◊ POWERS   ◊ WHITEREAD

"Equal Rights and Responsibilities is a basic idea that would have very important psychological effects on women and men from the time they are born. It could very much change the girl child's idea of her place in the world..."

Georgia O'Keeffe

22   Frida Kahlo (1907–54)

Frida Kahlo was a Mexican artist born in Coyocán, Mexico, 1907. Two events from her formative years shaped her life. Firstly, a childhood bout of polio resulted in a limp which plagued her for life, and secondly, a bus crash in 1925 left her with serious injuries. As a result of these injuries, Kahlo needed more than 30 surgeries over her lifetime. *The Broken Column*, one of Kahlo's many powerful and uncompromising self-portraits, depicts, vividly, the devastation to her body caused by the bus crash.

It was during her recovery from these injuries that Kahlo first dedicated herself to learning to paint. Shortly after her convalescence, Kahlo joined the Mexican Communist Party, and it was here that she became reacquainted with Diego Rivera, the man who would go on to become her husband twice over. Their tumultuous relationship had a profound impact upon her work. Both Kahlo and Rivera engaged in extramarital affairs, and in the self-portrait *Memory, the Heart*, Kahlo explores the anguish she felt at Rivera's affair with her sister, Cristina.

Frida's artistic style has been called surrealist, though this was a label she rejected, stating "I never paint dreams or nightmares. I paint my own reality." Noted for its unflinching content, Kahlo's work was also brilliant and vibrant and fitted into the *Mexicanidad* movement. The movement sought to reclaim ancient Mexican traditions and symbols and as such Aztec motifs such as skulls, monkeys, and hearts permeate Kahlo's works.

Though she achieved some level of fame during her lifetime, Kahlo did not sell many works, and exhibited only one solo show. Her life was tragically short as she passed away aged only 47 in 1954. Since her death, however, she has become a widely recognized face and countercultural icon.

"Nothing is worth more than laughter. It is strength to laugh and to abandon oneself, to be light."

Frida Kahlo

```
L A C A S A A Z U L H V K M C
M S C S U R R E A L I S M S E
E D T E Y R O M E M A Y W T B
X S Y O T R I M T M E G R S V
I C E O O Z A R E P P O T U I
C I C L C R A H O O T L I B V
A G B N F K T H L S H O M E A
N T C E L P T I K E T H E H L
I L H O I U O Y R S I T F T A
D T F Y O C G R I O U Y L M V
A C I H V D E F T M R M I A I
D T T M E X I C O R F C E G D
D I L A L H D S W P A E S I A
W W I R S A Y A H A T I P C V
T H E T W O F R I D A S T G T
```

◊ AZTEC

◊ DIEGO RIVERA

◊ FOLK ART

◊ FRUIT OF LIFE

◊ LA CASA AZUL

◊ LEON TROTSKY

◊ MAGIC REALISM

◊ MEMORY, THE HEART

◊ MEXICANIDAD

◊ MEXICO

◊ MOSES

◊ MYTHOLOGY

◊ PITAHAYAS

◊ POLIO

◊ ROOTS

◊ SELF-PORTRAIT

◊ SURREALISM

◊ THE BUS

◊ THE FRAME

◊ THE MASK

◊ THE TWO FRIDAS

◊ TIME FLIES

◊ VIVA LA VIDA

◊ WITHOUT HOPE

Biologists

```
G N I R O B E A S B D V R W H
V A A K N O L B A J L E H B C
N I B M C M T G E H K E N F O
A N L L A D O O G R E I D E R
I N O L C I F R A E O A W B D
R O E I A R B P N E A B R V A
E S S L L K B R A U N M O L H
M G P I Y E O E O G B W M A E
D D D O L S E M Y V Y A C A E
K O Y E B U P C A A O I R Y L
C H J O R O G C A R S O N R E
U O R U Y D R R U R O U L D B
B N R Y D W L M A T H F I U H
E G D Y N A C L L M R B F U T
D V E C Y E B L A C K B U R N
```

◊ ALLDREDGE   ◊ CORY   ◊ MARGULIS
◊ AMMAL   ◊ EARLE   ◊ MERIAN
◊ BARR   ◊ ELION   ◊ OSBORNE
◊ BLACKBURN   ◊ GOODALL   ◊ PARKER
◊ BORING   ◊ GREIDER   ◊ RUUD
◊ BRAUN   ◊ HODGSON   ◊ VILLA-KOMAROFF
◊ BUCK   ◊ JABLONKA ◊ VRBA
◊ CARSON   ◊ JUDA   ◊ YASUI

"Every individual matters. Every individual has a role to play. Every individual makes a difference."

Jane Goodall

```
V A L K Y R I E L V C H L L B
T W K Y S T A R F I R E A R K
S N H L G W I E W N V H S I I
E A R C U G A L A R A C F G T
N M N E T H H S A N A Y H R T
O O L A K N E M P R R T N E Y
J W B A A A S H L K I A Z P P
A R M B R M U E S A A R A U R
C E R R R O T Q F G J T T S I
I D D W O W M Y I R N K A D D
S N H M I T N A O W O E N N E
S O E T W A S G G A S L N T A
E W C N E B U L A A D E A T G
J H B S J E A N G R E Y C L B
S Q U I R R E L G I R L G W F
```

◊ BATGIRL

◊ BATWOMAN

◊ ELEKTRA

◊ FAITH

◊ GAMORA

◊ JEAN GREY

◊ JESSICA JONES

◊ KATANA

◊ KITTY PRIDE

◊ MS MARVEL

◊ NEBULA

◊ QUAKE

◊ RED SONJA

◊ ROGUE

◊ SCARLET WITCH

◊ SHE-HULK

◊ SQUIRREL GIRL

◊ STARFIRE

◊ STORM

◊ SUPERGIRL

◊ VALKYRIE

◊ WASP

◊ WONDER WOMAN

◊ ZATANNA

"When I came into comics, I had this agenda in my mind like a thunderbolt, 'I'm going to create and promote as many cool female characters as I can because the representation is so bad.'"

Gail Simone

Emmeline Pankhurst
(1858–1928) and the WSPU

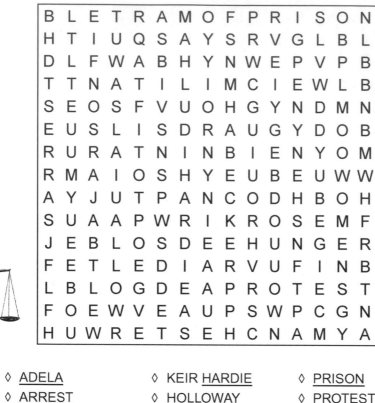

```
B L E T R A M O F P R I S O N
H T I U Q S A Y S R V G L B L
D L F W A B H Y N W E P V P B
T T N A T I L I M C I E W L B
S E O S F V U O H G Y N D M N
E U S L I S D R A U G Y D O B
R U R A T N I N B I E N Y O M
R M A I O S H Y E U B E U W W
A Y J U T P A N C O D H B O H
S U A A P W R I K R O S E M F
J E B L O S D E E H U N G E R
F E T L E D I A R V U F I N B
L B L O G D E A P R O T E S T
F O E W V E A U P S W P C G N
H U W R E T S E H C N A M Y A
```

◊ ADELA
◊ ARREST
◊ ARSON
◊ HERBERT ASQUITH
◊ LYDIA BECKER
◊ BODYGUARDS
◊ CHRISTABEL
◊ "FREEDOM OR DEATH"

◊ KEIR HARDIE
◊ HOLLOWAY PRISON
◊ HUNGER STRIKES
◊ ILP
◊ JUJITSU
◊ MANCHESTER
◊ NELLIE MARTEL
◊ MILITANT

◊ PRISON
◊ PROTEST MARCHES
◊ SYLVIA
◊ VOTES FOR WOMEN
◊ WFL
◊ WINDOW BREAKING
◊ WOMEN'S PARTY
◊ WSPU

Emmeline Pankhurst was leader of the militant suffragette group the Women's Social and Political Union (WSPU). This controversial group differed from their suffragist counterparts in their belief that direct action and civil disobedience were the only route to secure the vote for women.

26 Suffragettes and Suffragists

```
M O U B U T N N I K C O H I H
S A F U T T Y O R E G H I R M
W N C R O T N T T E W O T V A
M T W K G A O L T N K R U A R
M H H I W N S M Y E E C P L S
I O A T A O D H S T N L E D D
T N R T E U R T T S T N N B E
C Y R A N H A T F Y S O E R N
H S Y L A N H O H U M T N S N
E F O T E C P G M T S O C I
L P N O W C I A U E A C D N O
L G N L B A R R C R C R G F E
O M I U M R D W S B R S I E Y
H S H A U T A P B B B W G O R
S E I D P F B H Y E N N E K N
```

◊ ANTHONY   ◊ HOCKIN   ◊ MOTT
◊ BECKER   ◊ KENNEY   ◊ RICHARDSON
◊ BURKITT   ◊ LENTON   ◊ SENNETT
◊ DRUMMOND   ◊ LYTTON   ◊ SMYTH
◊ DUNLOP   ◊ MACKWORTH   ◊ STANTON
◊ FAWCETT   ◊ MARION   ◊ STONE
◊ GARRUD   ◊ MARSDEN   ◊ THEWLIS
◊ GOULD   ◊ MITCHELL   ◊ WHARRY

"We are here, not because we are
law-breakers; we are here in our
efforts to become law-makers."

Emmeline Pankhurst

Opera Singers

```
I G H O B M W H H W E U S O N
P O N S E L L E P O C U L V A
P Y F L A G S T A D I T L T M
P P P L E D D N T I R N I I R
S M O V E R R E T T P O S L O
B U E P A M T A I T K S L O N
O S T L Y E I V L B B R B T F
R L B H B H D N E B H E Y R O
D F U A E A D R G V A D E A E
O O L D M R T A L B A N I B E
N D U R W E L M N F I A E A A
I B A C N I E A W N Y A T S G
C U R E M M G T N B A T T L E
E O O S A L L A C D A T U W I
A F P O K Z R A W H C S I I N
```

◊ ALBANESE   ◊ FLAGSTAD   ◊ PONSELLE

◊ ALBANI   ◊ FLEMING   ◊ POPP

◊ ANDERSON   ◊ FRENI   ◊ PRICE

◊ BARTOLI   ◊ LUDWIG   ◊ SCHWARZKOPF

◊ BATTLE   ◊ MELBA   ◊ SILLS

◊ BORDONI   ◊ NETREBKO   ◊ SUTHERLAND

◊ CALLAS   ◊ NORMAN   ◊ TEBALDI

◊ DAMRAU   ◊ PATTI   ◊ VERRETT

**"The first rule in opera is the first rule
in life: see to everything yourself."**

Dame Nellie Melba

Miriam Makeba (1932–2008)

```
J C D Y M B E L A F O N T E H
O M A N I I N B G B H C S B O
H M V R S B J S Y G E F S A M
A Y A C M A A F A M Y K S H E
N A W C Z I F R E R R H A I L
N A M Z T G C W A A A R F M A
E T M O E R P H L M E F R R N
S S A A G F E Y A G C A I C D
B I F L M N K S N E E N C N R
U V V E E S A I S N L S A Y A
R I X E E L S S I Y M M A R G
G T O H V I E U A F R O P O P
E C T S O N G W R I T E R P T
R A L O P S T D C V S W A Z I
N M E A S H A R P E V I L L E
```

◊ ACTRESS
◊ AFROPOP
◊ HARRY BELAFONTE
◊ STOKELY CARMICHAEL
◊ CIVIL RIGHTS ACTIVIST
◊ *COME BACK, AFRICA*
◊ GRAMMY AWARD

◊ GUINEA
◊ HOMELAND
◊ JAZZ
◊ JOHANNESBURG
◊ *MAKEBA: MY STORY*
◊ MAMA AFRICA
◊ MARABI
◊ POLAR MUSIC PRIZE

◊ *SANGOMA*
◊ *SARAFINA*
◊ SHARPEVILLE MASSACRE
◊ SINGER
◊ SONGWRITER
◊ SWAZI
◊ THE SKYLARKS
◊ WELELA
◊ XHOSA

Miriam Makeba was a South African singer and civil rights activist known as Mama Africa. She introduced western audiences to the distinctive click sounds of her Xhosa language which she used in her songs. She became an exile from her home for three decades due to her lyrical content which was critical of apartheid.

```
A R D O R Y M S K O O R B L C
F E N S L I V D F L B T C P E
O R A C N I W O A D R U P G D
Y A M L E A V W U G A D D B I
T E R O N N R E P Y G A C R E
G H O Y L E S G R D M T G Y T
T S N G N W D A Y L A E F M H
E P I C A S M P A U N C O P O
E S E N G Y M T R H L O I D M
H U S T S O V E R P R C A U A
U O S W R S E S H E K V R W S
N S L E I N A D W F I R O U T
D B D L O N R A O E A H Y H P
A O Y M A E U R S Y E R T M P
W W T P E I D A B A L T C E D
```

◇ ARNOLD   ◇ GISH   ◇ PAGE

◇ BOW   ◇ LA BADIE   ◇ PICKFORD

◇ BROOKS   ◇ LAWRENCE   ◇ PREVOST

◇ DANIELS   ◇ LOY   ◇ SHEARER

◇ DAVIES   ◇ MOORE   ◇ SWANSON

◇ DWAN   ◇ MURRAY   ◇ SWEET

◇ FEALY   ◇ NEGRI   ◇ TALMADGE

◇ GARBO   ◇ NORMAND   ◇ THOMAS

"You may have a fresh start any moment you choose, for this thing that we call 'failure' is not the falling down, but the staying down."

Mary Pickford

```
S R E Y M S T G Y B E E S E R
G E N O M S E T L B E M R B L
I I A H C E M N E M M T T A E
G C M T H S I Y R L R I V P E
A H E I A C O S T A W O U H T
V A L M H O T C H O B E C Q L
E R O S T T B R F A L I H B U
R D C L H T A I S B A S V F E
E F A A N E G A E R N R M U I
V W D A T U K N B B C E O T R
Z E Y E E Y I N I L H O C H T
N N A R H C O C U V A E Y I U
R N E R L O I R A R R E F B D
V D E L A R O C H E D A A L E
O R E W H V T T R L U S M E P
```

◊ ACOSTA	◊ EARHART	◊ QUIMBY
◊ BARNES	◊ FERRARIO	◊ RAICHE
◊ BEESE	◊ FIGUEREDO	◊ REICHARD
◊ BLANCHARD	◊ HEWLETT	◊ SCOTT
◊ COCHRAN	◊ KASABOVA	◊ SMITH
◊ COLEMAN	◊ LAW	◊ THADEN
◊ DE LAROCHE	◊ MARVINGT	◊ THIBLE
◊ DUTRIEU	◊ MYERS	◊ ZVEREVA

"The air is the only place free from prejudice."

Bessie Coleman

31   Anne Frank (1929–45)

Anne Frank was a German schoolgirl and diarist, born in 1929 in Frankfurt. Fearing anti-Semitic persecution from the Nazi regime, Anne's father Otto relocated his family to the Netherlands before the outbreak of World War II. However, by 1940, the Nazis had also occupied the Netherlands.

Under Nazi occupation, the rights of Jewish people were gradually curtailed, and eventually Anne's older sister Margot was called up for work. Anne's parents, suspicious, took the family into hiding. During hiding, Anne and her family lived in *Het Achterhuis* or the secret annexe, located at a business premises belonging to Otto, at Prinsengracht 263. They were later joined in the annexe by the van Pels and Fitz Pfeffer.

Throughout their time in hiding the family were aided by helpers who were willing to risk their own safety, including Miep Gies, Bep Voskuijl, and Johannes Kleiman. It was here that Anne began to record her experiences. In her diary, Anne recorded daily life in the annexe as well as her hopes, dreams, and her feelings of adolescent angst, often directed at her family.

Sadly, in 1942, an anonymous tip led the Gestapo to the annexe. Anne was transported in horrendous conditions via Westerbork transit camp to Auschwitz concentration camp. Hundreds of the people in Anne's transport were immediately sent to death in the gas chambers, Anne, Margot, and their mother Edith were selected for forced work camps, and their father Otto was sent to the men's camp. Sadly, only Otto would survive the war. Edith, separated from her daughters, died of starvation, Anne and Margot contracted typhus and died shortly afterwards—Anne was 15. After the war, Otto published Anne's diary—knowing she dreamed of being a writer—and though written when she was only 13- and 14-years old, Anne's words have served as a lasting testament to the devastating effects of anti-Semitism, discrimination, and racism.

> **"People can tell you to keep your mouth shut, but it doesn't stop you having your own opinions. Even if people are still very young, they shouldn't be prevented from saying what they think."**
>
> *Anne Frank*

```
S I U H R E T H C A T E H E P
N R I C C L J I U K S O V G R
F O M N O S T O G R A M W O I
R S O C H E H S I W E J E U N
A S O H I I V A N P E L S E S
N E R E T G D K O T C O T S E
K T T U S I L I K U G L E R N
F N J A T E D E N P E C R E G
U O E L I I P E G G R O B F R
R M C M A H P G O E P R O F A
T L A R I F O O T E E T R E C
C N Y B B S S N K G T U K F H
S R E P L E H T D O H O V P T
U U R A H T A U S C H W I T Z
B H R E G I S T R A T I O N P
```

◊ AUSCHWITZ
   CONCENTRATION CAMP

◊ EDITH

◊ FRANKFURT

◊ MIEP GIES

◊ HANNAH GOSLAR

◊ HELPERS

◊ *HET ACHTERHUIS*

◊ IN HIDING

◊ JEWISH

◊ JOHANNES KLEIMAN

◊ VICTOR KUGLER

◊ MARGOT

◊ MONTESSORI SCHOOL

◊ MOORTJE

◊ OPEKTA

◊ OTTO

◊ FRITZ PFEFFER

◊ PRINSENGRACHT

◊ REGISTRATION

◊ SECRET ANNEXE

◊ *THE DIARY OF A YOUNG GIRL*

◊ VAN PELS

◊ BEP VOSKUIJL

◊ WESTERBORK TRANSIT CAMP

Comedians

```
F O V H A O S R E L H E O P N
R Y W E C E R O R I W M B W O
L B G W K E O E F H D O J I N
W S R Y H A M D G R B O N A N
B S S D M U A Y E G N A N G I
C H L N H M B L R E E C L P K
K L N C H S L T S E H L L L C
A E S V D I R S S E Z F N W M
L S M A D O A E R C H A R T C
I I G D T U M L V C C W L F S
N N H R N Y A E N I O A W G S
G G H D S A Y E L L R D D I P
T E E F D W R L F Y E V L S H
N R A M H F I B A B Y Y R I P
S W O O D M P N H A D D I S H
```

◊ BALL	◊ JONES	◊ RYAN
◊ BRAND	◊ KALING	◊ SAUNDERS
◊ DILLER	◊ LEGGERO	◊ SCHUMER
◊ FRENCH	◊ MCKINNON	◊ SHLESINGER
◊ GADSBY	◊ MILLICAN	◊ SYKES
◊ GLAZER	◊ NANCHERLA	◊ WOLF
◊ HADDISH	◊ POEHLER	◊ WONG
◊ HART	◊ RIVERS	◊ WOOD

"Don't waste your energy trying to educate or change opinions... do your thing and don't care if they like it."

Tina Fey

```
E M A O F E F A W I R O F O E
N O T E L D D I M N E G R N G
N R E B L I M C A J I V A M M
G A T I U U D K O R N M Z R C
N Y Q U A O A H Y A A B E E O
U D O R N M N S S D H I E M C
O E M A U S M A A S D A T M K
Y N L R O M N M C C L H E I B
N D A N C R U H E A U G Y R U
S Y Y G E L N S Q U U L I B R
L D E T S U T E D I Y A Z U N
A E S O R A L U S F D U Y H H
I I W X I D N E S F G B W P E
C E S E A N D I A L L A O B I
N R G H M C O K L E Y B R A R
```

- ◊ ABU AL GHAIB
- ◊ AL-AQEL
- ◊ BRAR
- ◊ BRIMMER
- ◊ CAX
- ◊ CISTERNAS
- ◊ COCKBURN
- ◊ COKLEY

- ◊ DUNN
- ◊ FRAZEE
- ◊ JOHNSON
- ◊ LUCAS
- ◊ MCDONALD
- ◊ MCGEE
- ◊ MIDDLETON
- ◊ MILBERN

- ◊ NAKAMURA
- ◊ NAMADAMU
- ◊ OFORIWA FEFOAME
- ◊ OWEN
- ◊ REINA
- ◊ SCHNUR
- ◊ YOUNG
- ◊ ZAYID

"When you have a disability, knowing that you are not defined by it is the sweetest feeling."

Anne Wafula Strike

Iris Murdoch (1919–99)

```
Y A E S E H T M O Y R N E H N
E S R U T E M N P T L V G S O
L A E N S F C A U P A A E R T
Y N H O I G P A H Y N C S E N
A D P F L I U T E N E H T I I
B C O F E A T N O L W V B D M
W A S I V L T A I F T E A L D
S S O C O O T N L C O N N O A
B T L I N L L R E I O I U S B
R L I A G R E E N D A R N N D
U E H L B L A C K R I N N O S
N S P E L W T C L N C C M P B
O M A R E K O O B M C B C E T
S C E L L I V R E M O S L A C
D E R E V E S D D F G L F A M
```

◊ A *SEVERED*
  HEAD
◊ A *WORD* CHILD
◊ AN *ACCIDENTAL*
  MAN
◊ AN *UNOFFICIAL*
  ROSE
◊ BADMINTON
  SCHOOL
◊ JOHN BAYLEY
◊ BOOKER PRIZE

◊ *BRUNO'S* DREAM
◊ *HENRY* AND *CATO*
◊ NEWNHAM
  COLLEGE
◊ NOVELIST
◊ *NUNS* AND
  SOLDIERS
◊ PHILOSOPHER
◊ SOMERVILLE
  COLLEGE
◊ *THE BELL*

◊ *THE BLACK*
  PRINCE
◊ *THE GREEN*
  KNIGHT
◊ *THE ITALIAN* GIRL
◊ *THE*
  SANDCASTLE
◊ *THE SEA,*
  THE SEA
◊ *THE UNICORN*
◊ UNDER *THE NET*

Iris Murdoch was a Booker Prize winning author
and philosopher whose work was highly regarded
for its portrayal of the human experience in all
of its messy, passionate absurdity. Her novels
explored many philosophical concepts such as
questions of good and evil, and morality.

Booker Prize
Nominees and Winners

```
I  R  C  I  K  E  Z  O  A  V  H  I  Y  L  H
G  N  I  S  S  E  L  R  E  R  U  C  Y  I  E
H  O  P  V  H  I  G  I  U  Y  L  L  V  V  E
T  V  E  B  D  B  S  O  M  B  M  E  A  E  E
I  W  M  E  R  A  R  N  R  V  E  R  V  L  V
M  I  S  D  O  O  W  T  A  D  I  N  L  Y  B
S  A  L  O  S  T  O  Y  F  S  I  M  S  U  M
I  Y  C  D  P  C  O  K  T  H  A  M  R  E  U
F  E  T  Y  A  W  O  O  N  N  A  N  E  D  R
U  L  H  T  R  Y  N  M  N  E  S  U  O  R  D
B  X  T  U  K  B  A  R  K  E  R  N  A  N  O
R  O  F  R  I  D  L  U  N  D  E  D  A  N  C
N  M  K  A  F  A  H  S  E  I  T  I  S  M  H
L  D  O  H  T  P  G  R  H  A  A  I  O  L  D
D  L  A  R  E  G  Z  T  I  F  W  H  M  O  E
```

◊ ATWOOD   ◊ FITZGERALD   ◊ MURDOCH

◊ BARKER   ◊ FRIDLUND   ◊ OZEKI

◊ BROOKNER   ◊ GORDIMER   ◊ RUBENS

◊ BURNS   ◊ HULME   ◊ SHAFAK

◊ CATTON   ◊ LESSING   ◊ SMITH

◊ DESAI   ◊ LEVY   ◊ SPARK

◊ ELLMANN   ◊ LIVELY   ◊ THIEN

◊ EVARISTO   ◊ MOXLEY   ◊ WATERS

"The fabric of democracy is always fragile everywhere because it depends on the will of citizens to protect it, and when they become scared, when it becomes dangerous for them to defend it, it can go very quickly."

Margaret Atwood

```
S P N H T N E E T R I H T G I
U A B O L I T I O N I S T D M
F A C T I V I S T C O S H A E
F A H G W T A R D Y N U R O I
R Y E A F R I O S E P R Y R R
A R A G O A U T M V I N L L A
G E D E G G I O E E Y G W I H
E V M G L N W L D P R G D A O
R A I A N O I T U L O V E R J
E L S V D A Y T L R T B R R A
H S T S T A N T O N E R U E N
C I R R I G H T S V A O F S A
A T E M P E R A N C E W R T C
E N S R C N U C H A N N I N G
T A S T I D R E M O O L B E F
```

- ◊ ABOLITIONIST
- ◊ ACTIVIST
- ◊ AMERICAN ANTI-SLAVERY SOCIETY
- ◊ ARREST
- ◊ AMELIA BLOOMER
- ◊ JOHN BROWN
- ◊ CANAJOHARIE ACADEMY
- ◊ WILLIAM HENRY CHANNING
- ◊ FREDERICK DOUGLASS

- ◊ *FAILURE IS IMPOSSIBLE*
- ◊ MATILDA JOSLYN GAGE
- ◊ HEADMISTRESS
- ◊ ILLEGALLY VOTING
- ◊ MARRIED WOMEN'S PROPERTY ACT
- ◊ NATIONAL WOMEN'S RIGHTS CONVENTION
- ◊ PETITION

- ◊ ELIZABETH CADY STANTON
- ◊ SUFFRAGE
- ◊ TEACHER
- ◊ TEMPERANCE
- ◊ *THE REVOLUTION*
- ◊ THIRTEENTH AMENDMENT
- ◊ UNDERGROUND RAILROAD
- ◊ WOMEN'S LOYAL NATIONAL LEAGUE

Susan B. Anthony was an abolitionist and pioneering advocate for Women's suffrage. She was one of the founders of the National Woman Suffrage Association (NWSA). Anthony did not live to see the passing of the 19th Amendment which enfranchised women.

Paralympians

```
N E I P V A Y T E L V X O N L
T N E D D A F C M G O Z O R N
T T S I O W E F G C F M D U V
U N O D K I L A M O D P U E D
G B A C N N I D L U C A S T U
S U T Y S O Y G T M T R R H R
P S R F R O M O B I U T E E A
H W E H P B I M R M N Y H R N
O I E H E T C A I N A K G I D
L L G G Y N N U T S H A A S W
M L R U R G G W P E R A L E S
E L E T N E B S Y S C L L N Y
S L V O R R C M T R E Y A Y S
V W D L D A E T S W E N G F U
L N O S P M O H T Y E R G M W
```

◊ BENTELE
◊ BRYANT
◊ COX
◊ DU TOIT
◊ DURAND
◊ GALLAGHER
◊ GREY-THOMPSON
◊ HENGST

◊ HESS
◊ HOLMES
◊ LUCAS
◊ MALIK
◊ MCFADDEN
◊ NARITA
◊ NEWSTEAD
◊ PARTYKA

◊ PERALES
◊ RUETHER
◊ SCOTT
◊ SIMMONDS
◊ VERGEER
◊ WELLS
◊ WILL
◊ ZORN

"People shouldn't think 'I'm not normal, I've got a disability.' Overcome that, go out there... and achieve something."

Ellie Simmonds

```
H A A A E E N I H P E S O J E
C M L M D E P W U Y O I T W Y
B C I V L E A B U H D H S R Y
U T A R A E L C E L E A A O H
L P N B F I S L F Y W V C U L
R E O A C B D O E A C A A C A
S D W T S D L A R M L M A F V
Y A H E I L R D I I P L E I I
C M E M O U L N F A L P N L T
U U R W L S O O S I E E G M S
S S E S U R R U N I A W L M E
E C N A D N U S O P O N I A F
O D C C I Y E L A M E F S K D
C V D A W R I N K L E D H E I
C N O T P M O C A S E O N R W
```

- AMPAS
- *A WRINKLE IN TIME*
- CALIFORNIA
- *COMPTON IN C MINOR*
- DVAPR
- ENGLISH LITERATURE
- FEMALE ICON OF THE YEAR
- FILMMAKER
- *I WILL FOLLOW*
- JOSEPHINE BAKER AWARD
- *MIDDLE OF NOWHERE*
- PEABODY AWARD
- PUBLIC RELATIONS
- *SELMA*
- SUNDANCE FILM FESTIVAL
- *THE CALL-IN*
- UCLA
- *WHEN THEY SEE US*

Ava DuVernay is an American director who became the first black woman nominated for the Academy Award for Best Picture for her film *Selma*. Much of her work looks at issues of race, injustice, and inequality such as the Emmy winning documentary *13th* and the television miniseries *When They See Us*.

Filmmakers

```
N R E D W V I G B A V L E V I
E B R C U W Y L E Y W Y E O M
C A V E O V I U O R N A T W R
R E T N G P E L R U W D U D G
C E G H F B P R D B Y I B G F
E N L D E W N O N L A O G U N
E Y I L U M F S L A T L T D A
C C B A E L B C L A Y Y N S I
G R E I C H A R D T D A A C R
W E B E R S A C F A M N Y I K
O A R Z N E R S S R T R L A I
M P O N C I M H O E R U U M N
E W S D Y Y S N I K N E J M A
R I E F E N S T A H L M E A R
B H C U N A R D E R E N U S G
```

◊ ARZNER	◊ DUNYE	◊ NAIR
◊ ASANTE	◊ DUVERNAY	◊ NORMAND
◊ BUTE	◊ GERWIG	◊ REES
◊ COPPOLA	◊ GRANIK	◊ REICHARDT
◊ CUNARD	◊ HELLER	◊ RIEFENSTAHL
◊ DASH	◊ JENKINS	◊ SCIAMMA
◊ DEREN	◊ JULY	◊ WEBER
◊ DULAC	◊ MEHTA	◊ WONG

"Humble perseverance and the ability to observe and grow, in pursuit of making what you love and believe in. Really. THAT is the secret."

Patty Jenkins

40   Maya Angelou (1928–2014)

Maya Angelou, born in St Louis, 1928, was an American actress, poet, and memoirist, known for her multi-volume autobiography as well as her poetry, essays and many other works. Angelou's start in life was a harsh one, she was raped by her mother's boyfriend at the age of 8, and he was murdered as a consequence. This left Angelou terrified of her own voice, believing that speaking out had killed him, she was mute for years to follow. These early years were the focus of the first volume of her autobiography, the hugely successful *I Know Why the Caged Bird Sings*.

Angelou's life was full—in San Francisco she worked as a dancer, a prostitute, a madam, and a waitress. Angelou was honest about all aspects of her life, stating "too many people tell young folks, 'I never did anything wrong…' then young people find themselves in situations and they think, 'Damn I must be a pretty bad guy. My mom or dad never did anything wrong.' They can't forgive themselves and go on with their lives."

In New York, Angelou was a member of the Harlem Writers' Guild and began to develop her skills as a writer, but soon joined a touring production of *Porgy and Bess*. She then moved to Cairo and later Ghana with South African freedom fighter Vusumzi Make, at this time working as an editor. In Ghana she met Malcom X and returned to the US to help with his civil rights organization, though he was assassinated shortly afterwards. She later became involved with Martin Luther King, Jr's causes and it was after he too was assassinated that she was inspired to truly write in order to confront her own struggles with racism.

Angelou died in 2014 but her works are still continually read as a means of exploring ideas of race, identity, and family.

"When I'm writing, I am trying to find out who I am, who we are, what we're capable of, how we feel, how we lose and stand up, and go on from darkness into darkness."

Maya Angelou

```
A I N R O F I L A C T H L O C
T B V T S I L A N R U O J I M
E W C A G E D D A P I W V M A
S V S I N G E R W R O I N O L
S E A G W P P D A S L E S R C
M E L R A H M C K R A E T N O
I S T O B N E A I T N Y I I L
R S O E V L U G N T M G L N M
U E I G B M H H G M T B L G X
O R C A C T B E A C A T K E E
S T C N S L M R S L L N T W H
S C Y D A R G S D L O C O P T
I A A C M D L W T W U M S B U
M A K S G N I S M Y A P R A R
Y S P H E N O M E N A L E H T
```

◊ "A BRAVE AND STARTLING TRUTH"

◊ ACTRESS

◊ "AWAKING IN NEW YORK"

◊ JAMES BALDWIN

◊ BLACKS, BLUES, BLACK!

◊ CABLE CAR CONDUCTOR

◊ "CALIFORNIA PRODIGAL"

◊ CIVIL RIGHTS ACTIVIST

◊ DANCER

◊ GEORGIA, GEORGIA

◊ GRAMMY AWARD

◊ HARLEM WRITERS GUILD

◊ JOURNALIST

◊ I KNOW WHY THE CAGED BIRD SINGS

◊ MALCOLM X

◊ MISSOURI

◊ "ON THE PULSE OF MORNING"

◊ "PHENOMENAL WOMAN"

◊ POET

◊ SCLC

◊ SINGER

◊ "STILL I RISE"

◊ "WOMAN WORK"

Emily Dickinson (1830–86)

```
E B L E S D P N A I N I V A L
V R O W O N I G Y S M S B L P
I R U O W A C O W A W I L F L
S I W T T S S E I T H E R E S
U O V R G U B L H U W P E Y S
L L E T C S L I M D O A D T R
C C O C F I N P T S N O H B E
E O E O W G H Y S S B F H W H
R S C D M R O I M O R O B T T
S T O H E I B L N E L E U T A
E M H Y B I S W T Y D O H O E
D L B G L O O T O C E W E M F
P U S I I R E K O R I P A I A
G B T O L L E S E D O A A R N
I Y B D E R H H U H D U L A D
```

- ◊ AMHERST ACADEMY
- ◊ EDWARD
- ◊ "'HOPE' IS THE THING WITH FEATHERS"
- ◊ JANE HUMPHREY
- ◊ "I DWELL IN POSSIBILITY"
- ◊ "I'M NOBODY! WHO ARE YOU?"
- ◊ LAVINIA
- ◊ MABEL LOOMIS TODD
- ◊ MOUNT HOLYOKE
- ◊ RECLUSIVE
- ◊ ABIAH ROOT
- ◊ "SUCCESS IS COUNTED SWEET"
- ◊ SUSAN
- ◊ "THERE'S A CERTAIN SLANT OF LIGHT"
- ◊ "THIS IS MY LETTER TO THE WORLD"
- ◊ WILLIAM
- ◊ ABBY WOOD

Emily Dickinson was a 19th century American poet. Dickinson began writing poetry at a young age and is known to have written almost 1800 poems, but only a handful were published during her lifetime. After her death and the publication of her works she became recognized as one of the greats, with an ability to appeal to all with her words.

Poets

```
A V O T A M H K A P V B A E G
N T S V E T A E V A A N S B S
C T U D I A N R C N G R W P K
T O N U V P D R O E T D K I O
E C E C B G E S L B B P N E O
E P S E C N R O C W O V O R R
R A A C L A U I T H O E T C B
T H P H C A T B S E L W F Y S
S S P G T T D I U A I S I A U
D M H F E A B S E T V T L P O
A G O S G D L F A L E E C S L
R Y S B U F W P L E R I E L O
B O E F H S O G Y Y T N H M R
R A F G P D I C K I N S O N D
M Y L E V E R T O V R I C H E
```

◊ AKHMATOVA   ◊ DUFFY   ◊ RICH

◊ ANGELOU   ◊ LEVERTOV   ◊ ROSSETTI

◊ BISHOP   ◊ LORDE   ◊ SAPPHO

◊ BRADSTREET   ◊ NAIDU   ◊ SHAPCOTT

◊ BROOKS   ◊ OLIVER   ◊ STEIN

◊ CARSON   ◊ PARKER   ◊ TEASDALE

◊ CLIFTON   ◊ PIERCY   ◊ TSVETAEVA

◊ DICKINSON   ◊ PLATH   ◊ WHEATLEY

"When I dare to be powerful, to use my strength in the service of my vision, then it becomes less and less important whether I am afraid."

Audre Lorde

Michelle Obama (1964–)

```
E D N O I T A C U D E L B I W
G B M A B Y A M K I T C H E N
Y E N A A R R R O H T U A C O
D H B C R M N D C V A I R L I
A E O C A N U O P O P Y V I H
L W V Y K M A R S A M L A N S
T J U L A P I C T N A E R T A
S L O L I N H T I U I P D O F
R N I I C S O G D R D B O N R
I A C E N R Y T I S E B O E E
F Y T G N I M O C E B M I R S
G O O E W M N H S A S H A W A
N G Y C W A O G A C I H C D R
F U S Y G O L O I C O S L H F
X I L F T E N A I R A M I R A
```

◊ *AMERICAN GROWN*

◊ ATTORNEY

◊ AUTHOR

◊ BARAK

◊ *BECOMING*

◊ CHICAGO

◊ CHILDHOOD OBESITY

◊ HILARY CLINTON

◊ DEMOCRAT

◊ EDUCATION

◊ FASHION

◊ FIRST LADY

◊ FRASER

◊ HARVARD

◊ JOINING FORCES

◊ KITCHEN GARDEN

◊ LAW

◊ MALIA

◊ MARIAN

◊ NETFLIX

◊ PRINCETON

◊ ROBINSON

◊ SASHA

◊ SOCIOLOGY

Michelle Obama is an attorney and former first lady of the United States of America. As first lady, she focused on the issues of childhood obesity and support for military families. Her time in the role saw her garner much admiration for her style, discipline, and poise.

Fashion Designers

```
S D I E P O T M T G M S D N T
E I I C E O P H I L O Q U O U
D S T A U L E B W P U Y E S E
O E T S V R O U S A E S R N V
H M E R R M T R N T W C F H P
R G R E B N E T S R U F N O V
N U R V N E F O M S I R R J P
O A E R A T B N H A Y K I I A
R E F D R V Y N S K A G U U D
C O A P A T I B I M V I H S C
V R C U K E S E A A U F S G H
P T H H T P L L A N V I N N I
N I H S A C I F Y Y A C E A U
W A W D D U D O O W T S E W R
L Y E T M Y E N T R A C C M I
```

◊ BURTON
◊ CASHIN
◊ CHIURI
◊ CUSHNIE
◊ FERRETTI
◊ FREUD
◊ HERRERA
◊ JOHNSON
◊ KAMALI

◊ KARAN
◊ LANVIN
◊ MCCARTNEY
◊ PHILO
◊ PRADA
◊ QUANT
◊ RHODES
◊ ROCHA
◊ RYKIEL

◊ SPADE
◊ SUI
◊ VERSACE
◊ VON FURSTENBERG
◊ WANG
◊ WESTWOOD

"I'm also a real believer that just doing a little something is really a lot better than doing a lot of nothing."

Stella McCartney

```
H S A V A V O T N O M R E L P
E F O I R V I S H U E E D N L
M R I L N P O R O S N D S L Y
B E A V O P O P C N T T A L L
B U N S L M I N Y F E B L C I
W N F U D P O Z Y O N A T H B
H D E B N M F N Z C C S P T R
I P E N N I N G T O N O H M O
T N B N G M A U R R T N T L W
E O C A G B I I I E O R S O N
L S I M D N I K G D O H E O E
E T D R A W E S D M B V T B L
Y A B E L U O A S K I N S D I
D W S H Y C C M D M I V H F O
Y D N S P K G K E L O W K W N
```

◊ ARNOLD   ◊ ELION   ◊ PENNINGTON

◊ ASKINS   ◊ FREUND   ◊ POPOVA

◊ BALL   ◊ HODGKIN   ◊ SEWARD

◊ BERTOZZI   ◊ KWOLEK   ◊ SHERMAN

◊ BROWN   ◊ LERMONTOVA   ◊ SOLOMON

◊ COHN   ◊ LINTON   ◊ WATSON

◊ CORI   ◊ MENTEN   ◊ WHITELEY

◊ DALY   ◊ NODDACK   ◊ YONATH

"Don't be afraid of hard work. Nothing worthwhile comes easily. Don't let others discourage you or tell you that you can't do it. In my day I was told women didn't go into chemistry. I saw no reason why we couldn't."

Gertrude B. Elion

```
X O M A S K B O W M L L I E W
G I S E P L C S S N I K L I W
N B L K W G U I L O O H C S A
I L T E I Y R A R L E N T N O
R L R G H N A O P C P R R W P
E I U D B E G Y E T U V B N U
M H Y D E F L S I C S I O N F
B G N N B W H B T E R D I G N
G N E B O U T U U K N L I E W
F I D I E S R Z B O K W W U D
Y T R M U E T E L N D N P B S
K T A N S U C A A H H A V U W
L O W A R K O R W A R U R P M
U N P E N O F V M I A I R H F
G L P R B D B P S B V D N E L
```

◊ AIR RAID WARDEN

◊ BCURA

◊ BIRKBECK COLLEGE

◊ FRANCIS CRICK

◊ DNA

◊ DOUBLE HELIX

◊ ELLIS ARTHUR FRANKLIN

◊ JACQUES MERING

◊ KING'S COLLEGE

◊ AARON KLUG

◊ LONDON

◊ NEWNHAM COLLEGE

◊ NOTTING HILL

◊ PARIS

◊ MAX PERUTZ

◊ RNA

◊ ST PAUL'S GIRLS SCHOOL

◊ VIRUS STRUCTURES

◊ JAMES WATSON

◊ ADRIENNE WEILL

◊ MAURICE WILKINS

Rosalind Franklin was an English x-ray crystallographer and chemist whose work played a key role in the discovery of the double helix structure of DNA. Though her other work was acknowledged during her short life, her work on DNA and RNA has only recently been appreciated.

Strong Characters on TV

```
O S R U S P L N B L B V H E O
N L O S E B A U A V P H M V E
H A S N P N O S I H T A M P C
E N E O O S S M L D W U O K A
N T N S N U E A E S N P K C R
N R B N K F N R Y O Y E V U T
O P E H M U O S T A A Y W B E
H B R O A A J G R T W O I R R
C E G J E D N A I P T R B A O
I N M R I I V N S S I L N T R
M S O O H E G Y I H E R I S E
B O L S U U U R A N F I F K H
M N A G C R B L I N G U A N G
C W S G G E R G N S G L F E U
D O O W R E D N U E B E W I S
```

- ◇ MIRANDA <u>BAILEY</u>
- ◇ OLIVIA <u>BENSON</u>
- ◇ OCTAVIA <u>BLAKE</u>
- ◇ SYDNEY <u>BRISTOW</u>
- ◇ PEGGY <u>CARTER</u>
- ◇ KIMA <u>GREGGS</u>
- ◇ MAX <u>GUEVARA</u>
- ◇ RAINBOW <u>JOHNSON</u>
- ◇ JESSICA <u>JONES</u>

- ◇ ANNALISE <u>KEATING</u>
- ◇ LESLIE <u>KNOPE</u>
- ◇ MINDY <u>LAHIRI</u>
- ◇ SARAH <u>MANNING</u>
- ◇ VERONICA <u>MARS</u>
- ◇ CARRIE <u>MATHISON</u>
- ◇ <u>MICHONNE</u>
- ◇ LIV <u>MOORE</u>
- ◇ PEGGY <u>OLSON</u>

- ◇ OLIVIA <u>POPE</u>
- ◇ WILLOW <u>ROSENBERG</u>
- ◇ <u>STARBUCK</u>
- ◇ CLAIRE <u>UNDERWOOD</u>
- ◇ POUSSEY <u>WASHINGTON</u>
- ◇ CRISTINA <u>YANG</u>

"There's nothing wrong with being driven.
And there's nothing wrong with putting
yourself first to reach your goals."

Shonda Rhimes

Winners of the Women's Prize for Fiction

48

```
C R G D B K S S R E V I R H S
T N E E S S I M C B R I D E A
P H O L P Y E N R E N I C M H
S A E S L G O V G O S I Y W U
T E T R N I R O P S W A U G A
G H N C B I V D B D O C Y D A
O R F O H O B N R E L L I M L
S B A M J E P O E R E C V P D
D E D N I H T R R R H R O E E
L R M W T C O T I I G A V R R
E N M I H M H H E N I T R A M
I E M O N T N A F L N Y B P A
H S M U N I A M E R T C H N N
S E D E R I O V E L D Y F P E
S C W N U R Y A E I S M A H S
```

- ◊ ADICHIE
- ◊ ALDERMAN
- ◊ BERNE
- ◊ DUNMORE
- ◊ GRANT
- ◊ GRENVILLE
- ◊ HOMES
- ◊ JONES

- ◊ KINGSOLVER
- ◊ LEVY
- ◊ MARTIN
- ◊ MCBRIDE
- ◊ MCINERNEY
- ◊ MICHAELS
- ◊ MILLER
- ◊ OBREHT

- ◊ PATCHETT
- ◊ ROBINSON
- ◊ SHAMSIE
- ◊ SHIELDS
- ◊ SHRIVER
- ◊ SMITH
- ◊ TREMAIN

"I am the sole author of the dictionary that defines me."

Zadie Smith

49   Malala Yousafzai (1997–)

Malala Yousafzai is a Pakistani activist, born in Swat Valley, 1997. Yousafzai's father is an educator and activist who encouraged his daughter in pursuing her education at the school he had established, Khushal Girls' High School. Yousafzai was a keen student but in 2007 the Taliban invaded and imposed strict Islamic laws, and these included banning women from playing a role in society and receiving an education.

Malala began to gain fame in Pakistan as a result of her first speech, given aged 11 in protest at school closures— "How Dare the Taliban Take Away My Basic Right to Education?". As the Taliban continued to close and destroy girls' schools throughout the area, Malala garnered wider recognition and she was approached by the BBC about producing a blog for BBC Urdu on life under the Taliban, which she did under an assumed name.

A brief ceasefire saw girls return to education, but the peace was short lived. Throughout all of this, Yousafzai continued to gain international attention for her efforts to secure education for women, and her identity as the BBC blogger became known. While returning home from school one day in 2012, gunmen boarded her bus and attempted to assassinate Malala, shooting her in the head. She was 15 years old. She was flown to Birmingham, UK for surgery, and her cause was taken up around the world.

After her recovery Malala remained in England, but spoke and campaigned globally. She co-wrote her memoir and in 2014, jointly with Kailash Satyarthi, she received the Nobel Peace Prize, becoming the youngest Nobel laureate. Having recently completed her studies at Oxford University, Malala continues her activism through initiatives such as the Education Champion network.

"I tell my story not because it is unique, but because it is the story of many girls."

Malala Yousafzai

```
T E R A G R A M Y D A L T P D
U V V S R N I I B S U D R I R
N N W Y M A O G G Y D C F R O
E A A M A M L B H P R I Z E F
T N T B P U P A E T U F E B X
W O N S I H P T L L R V I E O
O I A U I L I B L A E R C N D
R T T A E K A L U Y M R V V E
K A T D M H A T O I O B R N C
B C E V F F T P N S F U N D A
V U M O T S E G N U O Y T D L
B D P C G L H Y R D A P M H P
N E T A S A K H A R O V H T S
F L H T M T S I V I T C A Y I
F I R E C O N O M I C S Y N D
```

◊ ACTIVIST

◊ ASSASSINATION ATTEMPT

◊ BBC URDU

◊ BIRMINGHAM

◊ EDUCATION CHAMPION NETWORK

◊ HUMAN RIGHTS ADVOCATE

◊ I AM MALALA

◊ LADY MARGARET HALL

◊ MALALA FUND

◊ NOBEL PEACE PRIZE

◊ PAKISTAN

◊ PHILOSOPHY, POLITICS AND ECONOMICS

◊ RIGHT TO EDUCATION

◊ SAKHAROV PRIZE

◊ SWAT VALLEY

◊ TALIBAN

◊ UNIVERSITY OF OXFORD

◊ WE ARE DISPLACED

◊ YOUNGEST NOBEL LAUREATE

◊ YOUTH TAKEOVER OF THE UN

```
E H G Y S A R E D A N E R E S
C L R V L A S T D R O P N M C
L A N A C O R Y T E A W L A S
R Y R N R G H I L Y A A C T P
E A T S A D L E I R C T O E I
D P B R N D W N H O E O H R N
C R E E A Y R O I S R P I E E
A E P O H P R F O M F E N R A
N Y H L C S F A A A L A T E P
N P B C E U H D N P V F H A P
A U C F R C A T U S S U E D L
P L A E O M A O A B E I L E E
L I E E E S C Y Y B M M O R B
R F H A Y R O G E L L A G R U
G Y U S J E Y H L E A Y E S D
```

◊ *ALLEGORY* OF FAME

◊ *BATHSHEBA*

◊ *CANAL* IN HOLLAND

◊ CELESTIAL *FANTASY*

◊ *DEATH* OF ALCESTIS

◊ *HOLY* FAMILY

◊ IN THE LOGE

◊ *JAEL* AND SISERA

◊ LADY *SADLEIR*

◊ *LA COIFFURE*

◊ *MADAME* GRAND

◊ *MATER DOLOROSA*

◊ *PINEAPPLE BUD*

◊ PRIMORDIAL *CHAOS*

◊ *RED CANNA*

◊ *ROOTS*

◊ *SVANEN*

◊ THE DINNER *PARTY*

◊ THE HAPPY *COUPLE*

◊ THE *HORSE FAIR*

◊ THE *LAST DROP*

◊ THE *READER*

◊ THE *SERENADE*

◊ WITHOUT *HOPE*

"Whether you succeed or not is irrelevant, there is no such thing. Making your unknown known is the important thing."

Georgia O'Keeffe

Philosophers

```
B R E U L S Y A U D D N A R I
M P F I R S R Y I A I R U L T
L H E T W A E A R B E B H U Y
E W E S S L M E U G H A A U S
L U I E G O N T N F U L L E R
L L A D N D L A M U R D O C H
E K I D T E L N U S S B A U M
B M C M R S E E R I N L B C H
K F N A A N T S W U R I Y H T
R C O H A H S E N O B N U H M
L E O O S H A M S I T K O E P
H A V N T T C A R P K M C H T
E T F A R C E N O T S L L O W
U B E F T A V I C O N W A Y C
F F O C L A W W N B H A A C E
```

◊ AESARA
◊ ALCOFF
◊ ARENDT
◊ ASTELL
◊ BELLE
◊ BUTLER
◊ CALKINS
◊ COCKBURN

◊ CONWAY
◊ DIAMOND
◊ FOOT
◊ FULLER
◊ HAACK
◊ HASLANGER
◊ MIDGLEY
◊ MILL

◊ MURDOCH
◊ NUSSBAUM
◊ RAND
◊ STEIN
◊ THOMSON
◊ WARNOCK
◊ WEIL
◊ WOLLSTONECRAFT

"One's life has value so long as one attributes value to the life of others, by means of love, friendship, indignation, compassion."

Simone de Beauvoir

Night Witches – 588th Night Bomber Regiment

```
E R L A M O S O V A M I H O Y
R G R A C H K E V I C H Y K F
Y Y U Y S F N N K I L E B S V
A A N A A O A V E H S A G A M
B V A V G K N R O L E B B P E
O O O O Y A I N H S U U H E K
V N K R V E P M Y U L G N C L
A A D A B C U R O Y A A I W I
M P B K B E T W A V M V R H N
F S Y A D L S N O L A E S P Z
Y O N M A S E N E T Y N U O Y
G D H N A N O G G P A D T P E
U W O Y K R C L T S N U R O N
I V A O A B S A N F I R O V A
A V O K O R A M U S I F F A Y
```

- ◊ AKIMOVA
- ◊ AMOSOVA
- ◊ ARONOVA
- ◊ BELIK
- ◊ DOSPANOVA
- ◊ FORTUS
- ◊ GASHEVA
- ◊ GELMAN
- ◊ MAKAROVA
- ◊ MAKOGON
- ◊ MEKLIN
- ◊ NOSAL
- ◊ PASKO
- ◊ POPOVA
- ◊ RACHKEVICH
- ◊ RUDNEVA
- ◊ RYABOVA
- ◊ SANFIROVA
- ◊ SEBROVA
- ◊ STUPINA
- ◊ SUMAROKOVA
- ◊ SYRTLANOVA
- ◊ ULYANENKO
- ◊ ZHIGULENKO

The 588th Night Bomber Regiment was a daring group of Russian women military pilots who bombed the Nazis during World War II. Using substandard equipment, including wooden planes, these women instilled terror in the enemy with the whoosh of their planes, like brooms through the air, inspiring their nickname—the Night Witches.

53   Explorers and Adventurers

```
G N O S K C I D H C O Y I B A
H M A V A L B E H E B A S T I
P F E I F F E R B D U H T C X
T F O R C N A B I A W D I H E
T Y H P R U M L C O T N N L M
N E F E L V L T R S G O N U B
E P R T O E L K A G E M E M K
T A N A R D M C N A R M S S I
T I A A B A A L R E R U H K N
A W O N N G H H S T A R K A G
B B F E A C O R C B F D N D S
V A V W V F R G A A E M E R L
T E E T T O C O L E M A N L E
K A L T E N B R U N N E R F Y
A R B A C O U D R E A U T R Y
```

◊ AEBI   ◊ COTTEE   ◊ MEXIA

◊ BANCROFT   ◊ COUDREAU   ◊ MURPHY

◊ BARET   ◊ DICKSON   ◊ PFEIFFER

◊ BATTEN   ◊ DRUMMOND HAY   ◊ SACAGAWEA

◊ BOARELLI   ◊ EARHART   ◊ STARK

◊ CABRA   ◊ KALTENBRUNNER   ◊ STINNES

◊ CHLUMSKA   ◊ KINGSLEY   ◊ TABEI

◊ COLEMAN   ◊ MACHADO   ◊ WORKMAN

"I refused to take no for an answer."

Bessie Coleman

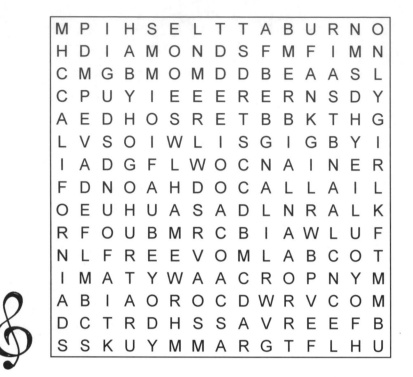

```
M P I H S E L T T A B U R N O
H D I A M O N D S F M F I M N
C M G B M O M D D B E A A S L
C P U Y I E E E R E R N S D Y
A E D H O S R E T B B K T H G
L V S O I W L I S G I G B Y I
I A D G F L W O C N A I N E R
F D N O A H D O C A L L A I L
O E U H U A S A D L N R A L K
R F O U B M R C B I A W L U F
N L F R E E V O M L A B C O T
I M A T Y W A A C R O P N Y M
A B I A O R O C D W R V C O M
D C T R D H S S A V R E E F B
S S K U Y M M A R G T F L H U
```

◊ AMERICAN MUSIC AWARDS
◊ BARBADOS
◊ BATTLESHIP
◊ BILLBOARD MUSIC AWARDS
◊ CALIFORNIA KING BED
◊ CLARA LIONEL FOUNDATION

◊ COSMETICS
◊ DESIGNER
◊ DIAMONDS
◊ FASHION HOUSE
◊ FENTY BEAUTY
◊ GRAMMY AWARDS
◊ LOVE ON THE BRAIN

◊ LOVE THE WAY YOU LIE
◊ MET GALA
◊ ONLY GIRL (IN THE WORLD)
◊ SKIN CARE
◊ STAY
◊ UMBRELLA
◊ WE FOUND LOVE
◊ WORK

Rihanna is a multi-award-winning Barbadian pop star, actress, philanthropist, and designer. She has garnered a positive reputation for her inclusive beauty and fashion brands. She has also founded her own non-profit organization called the Clara Lionel Foundation.

```
G R A N D E H V A U U C S E C
T O N U O S D R M F S K U L E
U I M M I S E S O R C F B A C
W S E L L L K U I I Y P B E V
R I I B I F P R N M J A M E S
A E N U A O I C A N O I D B C
N Y G E R Y N N M L O N P N T
N A U R H D K D Y P C I E O V
A D E L E O D N A S I E R T S
H I L W S U U Y E R A C O R A
I L S E N R C S E S S I S A V
R O P W U F A C E S V H S P K
A H W Y I C H E R C A R D I B
G U B S F F J O P L I N N F M
T U R N E R T Y G S P G Y M W
```

◊ ADELE
◊ CHRISTINA AGUILERA
◊ CARDI B
◊ MARIAH CAREY
◊ CHER
◊ KELLY CLARKSON
◊ CELINE DION

◊ BILLIE EILISH
◊ ARIANA GRANDE
◊ BILLIE HOLIDAY
◊ ETTA JAMES
◊ JANIS JOPLIN
◊ CAROL KING
◊ STEVIE NICKS
◊ DOLLY PARTON
◊ PINK

◊ RIHANNA
◊ DIANA ROSS
◊ NINA SIMONE
◊ BRITNEY SPEARS
◊ BARBRA STREISAND
◊ TAYLOR SWIFT
◊ TINA TURNER
◊ AMY WINEHOUSE

"When the door closes you have two choices.
Give up, or keep going. Let them shut you
down or prove them wrong. We all start
somewhere. It's where you end up that counts."

Rihanna

```
L C N A E R G N O I T A T S D
E O B F T Z E L E S I G R E B
F I N W E Y I S R X B I M L A
R M A D L B H R I A E C I V R
A H R F O E P G P A E N O A M
C M P N I N B L E N R L N C T
M C U K F M A R T Y X A L A G
U R H L A Y O R I F H Y E D N
E N Y L E V E M M D I S E E I
S V I I U O N D A E G G N M L
U P A V I L I O N X D E A Y R
M C B P I C D G H V X A J U I
A R C H I T E C T U V I L C T
D R A W A A R P M U J I K S S
B L B R O A D A R T D U S F B
```

- ARCHITECT
- BERGISEL SKI JUMP
- BRIDGE PAVILION
- BROAD ART MUSEUM
- EVELYN GRACE ACADEMY
- GALAXY SOHO
- JANE DREW PRIZE
- LONDON AQUATICS CENTRE
- MAXXI MUSEUM
- ORDRUPGAARD ANNEXE
- RIBA EUROPEAN AWARD
- RIVERSIDE MUSEUM
- ROYAL GOLD MEDAL
- SHEIKH ZAYED BRIDGE
- STIRLING PRIZE
- VITRA FIRE STATION

Zaha Hadid was an Iranian-British architect who was the first woman awarded the prestigious Pritzker Architecture Prize. Known as the Queen of the Curve, Hadid intentionally did not adhere to any one school of architecture as she did not want to limit herself or her creativity.

```
I S L R H T U R B E T E R C S
B E U L E S V I H E O C A I A
M L D B E L O F H M R R M D W
A R T R L N L L V L R Y I R I
N A D P E I N I O N E C J A L
D H E F E W Z O D B G D E B B
R C V G F A T N D R T E S O R
U F N P I G E M A O L C N B A
P A G D L I C Y N K C Q S B H
G D M B A O D G B F O K A E A
H F T T A M I N M Y L V G T M
Y N O H A M D O G A S G M H V
C C N V B E A L R T V O S U W
M N E D Y A H E M O R G A N T
L E V E T E K T B I D S V E B
```

◊ BETHUNE   ◊ GRAY   ◊ MORGAN
◊ BLIZNAKOV   ◊ HADID   ◊ MORI
◊ BO BARDI   ◊ HAYDEN   ◊ O'DONNELL
◊ CHARLES   ◊ LEVETE   ◊ PIGEM
◊ DECQ   ◊ LONG   ◊ SEJIMA
◊ DILLER   ◊ LOSH   ◊ SKLAREK
◊ DREW   ◊ MAHONY   ◊ TORRE
◊ GANG   ◊ MANDRUP   ◊ WILBRAHAM

"In architecture, I had absolutely no role model. I'm happy today to be a role model for others that follow."

Norma Merrick Sklarek

58　　Amelia Earhart (1897–1937)

Amelia Earhart was an American aviator born in Kansas, 1897. Earhart's early life was shaped by constant moves that were a consequence of her father's alcoholism. Earhart finished her high schooling in Chicago. While visiting her sister in Canada, Earhart decided to leave her studies at Ogontz School, a junior college, and instead became a nurse's aide at Spadina Military Hospital.

Earhart continued in this nursing role throughout World War I and the 1918 flu pandemic, during which she contracted pneumonia. She later studied at Columbia University but dropped out before completing her studies. Earhart took her first flight as a passenger in 1920 and was inspired to begin flying lessons, buying her own plane, a Kinner Airster, in 1921 and gaining her pilot's license in 1923.

In 1928 Earhart became the first woman to cross the Atlantic as a passenger in a plane and her fame began to grow as a result. The publicity for the event was handled by George P. Putnam who would later become her husband. Earhart decided that her next adventure was to be the first woman to pilot the Atlantic solo, which, despite setbacks, she did in record time in May 1932. She encouraged other women to pursue opportunities outside those normally ascribed to their gender, particularly in the field of aviation, and even designed clothes for the active woman.

Earhart, alongside navigator Fred Noonan, set out to fly around the world on June 1, 1937. After a month, they began a particularly difficult stretch of the journey heading for Howland Island, and two US ships were stationed en route to aid with navigation. Their last radio transmission indicated Earhart and Noonan were running low on fuel; the plane was believed to have gone down around 100 miles short of their destination. Neither Earhart, Noonan, or their plane have ever been located. Earhart's disappearance only added to her celebrity and speculation as to her fate continues to this day.

"Women must try to do things as men have tried. When they fail, their failure must be a challenge to others."

Amelia Earhart

```
P  S  E  N  I  N  Y  T  E  N  I  N  R  B  N
U  D  P  H  R  G  L  O  C  K  H  E  E  D  O
T  K  E  E  N  A  L  P  I  B  E  E  U  H  T
N  O  B  R  M  S  S  N  D  N  Y  N  N  O  G
A  O  D  N  A  C  N  C  O  G  V  A  B  S  N
M  N  D  G  A  E  O  I  E  U  D  R  U  P  I
S  S  E  R  R  C  P  L  E  N  E  H  G  I  D
A  N  T  P  Y  D  I  P  U  W  O  C  Y  T  U
N  Z  A  B  V  N  V  R  A  M  R  O  H  A  L
I  T  C  M  R  A  V  A  E  S  B  C  N  L  C
D  L  H  R  O  L  P  E  K  M  I  I  H  A  A
A  U  M  H  Y  W  O  W  D  E  A  D  A  I  N
P  T  E  M  M  O  A  L  A  N  O  I  T  A  N
S  S  N  P  S  H  V  O  L  U  N  T  A  R  Y
N  A  T  S  S  O  R  C  G  N  I  Y  L  F  S
```

◊ AMERICAN AERONAUTICAL SOCIETY

◊ NATIONAL AERONAUTIC ASSOCIATION

◊ AVIATION PIONEER

◊ NATIONAL WOMAN'S PARTY

◊ JACQUELINE COCHRANE

◊ FRED NOONAN

◊ COLUMBIA UNIVERSITY

◊ PURDUE UNIVERSITY

◊ DISAPPEARED

◊ GEORGE P. PUTNAM

◊ DISTINGUISHED FLYING CROSS

◊ ANITA "NETA" SNOOK

◊ FRANK HAWKS

◊ SPADINA MILITARY HOSPITAL

◊ HOWLAND ISLAND

◊ WILMER STULTZ

◊ KINNER AIRSTER BIPLANE

◊ THE NINETY-NINES

◊ LOCKHEED VEGA

◊ VOLUNTARY AID DETACHMENT

◊ LUDINGTON AIRLINE

```
W L A Y G B N O S L I W P N I
A O H C O A M M F T I V I N S
T Y S C C K L A H I W H I R E
A I E W U E M O S E S G U V L
W N D H H R R S Y I C H T D D
Y O D A L N R C L W C M E N G
V S O Y T R R I H V L A T R C
B T N O I C S A E P R G M B L
B I N D E N L V B R H N E N A
Y H E M U I I E W N I U L I R
M W H O N A D A A R U S R W K
I W L M G R T I K V H D O D V
C V T L E L O U C U E N Y O E
T R E F F I L U A C M S S G M
E O A Y A K S T I V A S D U G
```

◊ BAKER	◊ HIRE	◊ OCHOA
◊ CLARK	◊ IVINS	◊ RIDE
◊ CLEAVE	◊ KILRAIN	◊ SAVITSKAYA
◊ CURRIE	◊ MAGNUS	◊ SEDDON
◊ DUNBAR	◊ MCAULIFFE	◊ THORNTON
◊ FISHER	◊ MELROY	◊ VOSS
◊ GODWIN	◊ MOSES	◊ WHITSON
◊ HELMS	◊ MUKAI	◊ WILSON

"Before men and women, we are human beings. That is common sense. If you want to do something, go for it."

Chiaki Mukai

Engineers

```
L I G P R E Y A M D U E R S R
G T N A L I T C N C O S T O N
V T I U L W I L L S O N M O M
S E L R E W O G R C M J B V H
B L B Y H R L A H L O K R G L
I S E A C E E O E H Y E I A F
C A O D T S A G N K C A S N I
D H R V I H Y S N I R E R C G
R R R B M C O U P I G A C C A
E T H G I N K S N D L R L N C
M C F Y L W H S O I M L C C V
I H T S Y N T H T H L U U O L
L W D N O M M U R D G U P P Y
C M M P N I F O Y C H I L D S
V V A N S I T T A R T H O L W
```

◊ AYRTON   ◊ GOWER   ◊ MAYER

◊ BATH   ◊ GUPPY   ◊ MITCHELL

◊ CHILDS   ◊ HASLETT   ◊ OCHOA

◊ CLARKE   ◊ HODGES   ◊ PULLINGER

◊ CLIMER   ◊ JOHNSON   ◊ ROEBLING

◊ COSTON   ◊ KING   ◊ SPICER

◊ DICKS   ◊ KNIGHT   ◊ VANSITTART

◊ DRUMMOND   ◊ LYON   ◊ WILLSON

"I suffered impostor syndrome, thinking others could do my job better, but you have to bet on yourself and your abilities."

Dawn Childs

Meryl Streep (1949–)

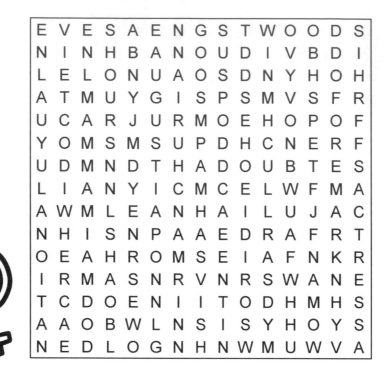

```
E V E S A E N G S T W O O D S
N I N H B A N O U D I V B D I
L E L O N U A O S D N Y H O H
A T M U Y G I S P S M V S F R
U C A R J U R M O E H O P O F
Y O M S M S U P D H C N E R F
U D M N D T H A D O U B T E S
L I A N Y I C M C E L W F M A
A W M L E A N H A I L U J A C
N H I S N P A A E D R A F R T
O E A H R O M S E I A F N K R
I R M A S N R V N R S W A N E
T C D O E N I I T O D H M H S
A A O B W L N S I S Y H O Y S
N E D L O G N H N W M U W V A
```

◊ ACADEMY AWARDS

◊ ACTRESS

◊ AUGUST: OSAGE COUNTY

◊ BIG LITTLE LIES

◊ DOUBT

◊ GOLDEN GLOBES

◊ INTO THE WOODS

◊ JULIE & JULIA

◊ KRAMER VS. KRAMER

◊ LITTLE WOMEN

◊ MAMMA MIA!

◊ NATIONAL MEDAL OF ARTS

◊ OUT OF AFRICA

◊ SOPHIE'S CHOICE

◊ THE DEVIL WEARS PRADA

◊ THE FRENCH LIEUTENANT'S WOMAN

◊ THE HOURS

◊ THE IRON LADY

◊ THE MANCHURIAN CANDIDATE

Meryl Streep is an American actress considered one of the finest dramatic actresses currently working in Hollywood. She has been nominated for a record-breaking number of Academy Awards, winning three, as well as receiving numerous other accolades including the Cecil B. DeMille lifetime achievement award at the Golden Globes.

Best Actress Oscar Winners – Part Two

```
H R A S I C R N A P O I D C I
B E E I H N U O A S V B I R V
E N I N L M C B L M Y L U A R
R I B L I L G L N Y D A A W H
G A D R D A E A F A A I H F P
M R R A R R L N L F M T K O G
A E V S O A O C N E C L R R R
N I O O F S V H A I I T O D E
S N M Y K V D E I M M G W C R
T M R C C H W T R A E C H K A
E V A I I T U T N R O V E V E
G J M D P A D N S Y T A N E H
W I N S L E T F T T U O G S
U A W O S R N D E O O R T E U
S F I L M A T U N P R M S P B
```

◊ BERGMAN   ◊ JACKSON   ◊ PICKFORD

◊ BLANCHETT   ◊ KEATON   ◊ PORTMAN

◊ COLMAN   ◊ KIDMAN   ◊ RAINER

◊ CRAWFORD   ◊ LEIGH   ◊ ROGERS

◊ DAVIS   ◊ MACLAINE   ◊ SHEARER

◊ GARSON   ◊ MINNELLI   ◊ STONE

◊ HAYS   ◊ MIRREN   ◊ TAYLOR

◊ HUNT   ◊ MOORE   ◊ WINSLET

"My politics are private, but many of my feminist politics cross over into my professional life. Because I portray female characters, so I have the opportunity to change the way people look at them."

Frances McDormand

Civil Rights Leaders

```
B D F N F O A G C D L F C M C
A L C U R Y B H N I E L W L O
K H V H I P I E R I U H A G L
E T S B A S S M T P K R R H V
R B A R H S I I E H K M E S I
E H R O D S E R R I U R V E N
C I L W S R L I Y R H N A T G
G M E N A E T L R E A M E A N
O P V C M V O A A C L H L B I
U A P O T E Y G D G I B C C V
O R R S S R M D O N U S O H O
H K D R I C H A R D S O N M L
E S V D R U U O L L A B D W B
L U A G H D E S A T E D H C R
N C V N C R E M A H G A G H M
```

◊ BAKER   ◊ CLARK   ◊ LOVING

◊ BALLOU   ◊ CLEAVER   ◊ LUPER

◊ BATES   ◊ COLVIN   ◊ MCDOUGALL

◊ BETHUNE   ◊ EVERS   ◊ MOBLEY

◊ BROWN   ◊ HALL   ◊ MURRAY

◊ CHASE   ◊ HAMER   ◊ NASH

◊ CHISHOLM   ◊ HARRIS   ◊ PARKS

◊ CHRISTMAS   ◊ KING   ◊ RICHARDSON

"I believe all... no matter their race, no matter their sex, no matter their sexual orientation, should have that same freedom to marry."

Mildred Loving

```
T D D U N D E R G R O U N D D
T S I V I T C A N T S S M E N
C N T A O D B W U W S T A S A
T A O P R G A O O O N H E L
O C O T A E C O R M T R E S W
G I M R N S S G R H E E B O O
L R R A T E C R O L H N N M H
M E H A R R M N U A I O S S T
T M O G T Y Y E B N T A M S E
S A D O I N L M V N L T R S H
D P R R C H O A A A W C C F L
N D Y M N C U T N Y L A R D O
V P N H L B S V W D P S O S E
W P M O N T G O M E R Y N D U
A B O L I T I O N I S T T E B
```

◊ ABOLITIONIST

◊ ACTIVIST

◊ AMERICAN CIVIL WAR

◊ SUSAN B. ANTHONY

◊ JOHN BROWN

◊ ENSLAVEMENT

◊ ESCAPE

◊ THOMAS GARRET

◊ EMILY HOWLAND

◊ JAMES MONTGOMERY

◊ MARYLAND

◊ "MOSES"

◊ NURSE

◊ ONTARIO

◊ RAID ON COMBAHEE FERRY

◊ BEN ROSS

◊ SCOUT

◊ SPY

◊ EDWIN STANTON

◊ UNDERGROUND RAILROAD

◊ WOMEN'S SUFFRAGE

Harriet Tubman was an escaped slave and abolitionist, who utilized the Underground Railroad to help lead many others to freedom. After serving as a scout and spy for the Union during the American Civil War, Tubman was denied a military pension. This was partly rectified by Congress decades later, though her true service was still not acknowledged.

```
P D S S L C P V B O E R L V H
K A Z C N O R D I N G E O S N
T H U F F I N G T O N D A I P
R K I I S B L U A M W U I M E
A A G K R A Y L U N E A U I R
H P N N C S U G O S I L K L K
E L A V F I G J H C S F C U I
N A W R N L C B A I S P I O N
I N M L A I L J C N W U D G S
R E I U H E C H O G I E D H R
E Y N D P R V R A W N O O Y I
S T W R E R R T O O F T R U D
W M A I Q U E S V W R H M M A
F I E L D S M O R M E O F H G
L P S L A I C H U N Y B S T T
```

◊ BASILIER   ◊ KAPLAN   ◊ RINEHART

◊ COLLINS   ◊ LAICHUN   ◊ RODDICK

◊ CROWE   ◊ LAUDER   ◊ SAUJANI

◊ FIELDS   ◊ MAIQUES   ◊ WANG

◊ GATES   ◊ NOOYI   ◊ WEISS

◊ GOULIMIS   ◊ NORDING   ◊ WINFREY

◊ HUFFINGTON   ◊ PERKINS   ◊ WOJCICKI

◊ HUIE   ◊ PHAN   ◊ ZAK

"A woman with a voice is by definition a strong woman. But the search to find that voice can be remarkably difficult."

Melinda Gates

Photographers

```
G A Z A N N S U R P L N A M N
W R M H I R H A B B O T T C N
U D E D I C U N N I N G H A M
F E L E H M O M C M M M L L R
E O I F N R N A V I O P H L S
G G W N M B H S E D D E G E O
N M N A U U E T V L T B E N T
D O N A N C H R F K W R L A E
I D S O L A H O G R O U S M K
J O H N S T O N L A C U A R R
K T E C M W U R A M B P U E E
S T H A I V A B A R E G B H I
T I N U G Y P L A T E S D S A
R N E T I H W E K R U O B W M
A L V G M D U D W L E V I T T
```

◊ ABBOTT	◊ GOLDIN	◊ MAIER
◊ ARBUS	◊ GREENBERG	◊ MANN
◊ BOURKE-WHITE	◊ HOLMES	◊ MARK
◊ CAHUN	◊ JOHNSTON	◊ MIETH
◊ CALLE	◊ KRUGER	◊ MODOTTI
◊ CUNNINGHAM	◊ LANGE	◊ NORMAN
◊ DIJKSTRA	◊ LAWSON	◊ SHERMAN
◊ GEDDES	◊ LEVITT	◊ TARO

"The world doesn't like independent women, why, I don't know, but I don't care."

Berenice Abbott

BANDARANAIKE—First elected female prime minister, 1960

BASSI—First woman to officially teach at a European university, 1732

BHUTTO—First woman leader of a Muslim country, 1988

BIGELOW—First woman to win a Best Director Oscar, 2010

BLACKWELL—First woman to receive a medical degree in the USA, 1849

BLANCHARD—First woman to pilot a hot air balloon, 1805

CHRISTIAN—First woman to win a NASCAR Touring Series race, 1949

COLEMAN—First African-American to earn a pilot's license, 1921

CORI—First woman to win the Nobel Prize in Physiology or Medicine, 1947

CRUMPLER—First female African-American medical doctor, 1864

CURIE—First woman to win a Nobel Prize, 1903

DUFFY—First female Poet Laureate of The United Kingdom, 2009

EARHART—First female pilot to cross the Atlantic, 1932

EDERLE—First woman to swim the English Channel, 1926

FRANKLIN—First woman in the Rock and Roll Hall of Fame, 1987

GILBRETH—First industrial psychologist, 1940s

GRAHAM—First woman CEO of a Fortune 500 company, 1972

HAYNES—First African-American woman with a PhD in mathematics, 1943

"On Earth, men and women are taking the same risks. Why shouldn't we be taking the same risks in space?"

Valentina Tereshkova

```
T L E L R E D E V N C U R I E
S I R L E A F C E T A B E I R
S I B I G E L O W H A R T O N
G N B A N D A R A N A I K E U
G A I A A N A I T S I R H C H
B H R K S A V I T S K A Y A T
L K N M R S F R A N K L I N E
A A A O H E I O C O N N O R R
N Z M R L H P B I C B P T H B
C R E T I A A H T A M R R A L
H I L S G O T T U H B S A Y I
A M O O N G M A H A R G H N G
R N C E I C R U M P L E R E I
D A V O K H S E R E T S A S U
Y F F U D T B L A C K W E L L
```

KING—First female traffic officer in the USA, 1918

MATHAAI—First African woman to win a Nobel Prize, 2004

MIRZAKHANI—First woman and Iranian to win the Fields Medal, 2014

O'CONNOR—First woman appointed to the US Supreme Court, 1981

OSTROM—First woman to win the Nobel Prize in Economics, 2009

PERKINS—First female member of a presidential cabinet, 1933

SANGER—opened the first birth control clinic in the USA, 1916

SAVITSKAYA—First woman to perform a spacewalk, 1984

SIRLEAF—Africa's first elected female head of state, 2006

TABEI—First woman to summit Mount Everest, 1975

TERESHKOVA—First woman in space, 1963

WHARTON—First woman to win a Pulitzer Prize, 1921

Activists

```
B P H N M N V L V N R S Y B N
E E S H A H I D I M H H A F B
D F E W R G R D M V B E S A F
R A O W Y Z U B C H Z P E M R
O C P N O Z E U P Y A P E S U
L C S A Z B U L A E I A C A E
R A T A N S G R A A F R L B A
A C A M M K H G H Z B D A S N
T N H A E P H T R I N K F T E
H A D U W N A U S E E O B S S
B D D P E A I T R R B D G K I
A E T A M R F E P S L N R O V
A I V R C V T N T A T P U O A
D R I K F I R A H S L A C H D
Y F S S O I A Z F A S U O Y T
```

◊ ADDAMS	◊ FRIEDAN	◊ PANKHURST
◊ AL-SHARIF	◊ FRUEAN	◊ PARKS
◊ AZZUDIN	◊ GBOWEE	◊ SAMPAT PAL
◊ BAEZ	◊ GONZALEZ	◊ SHAHIDI
◊ BAKER	◊ HOOKS	◊ SHEPPARD
◊ CEESAY	◊ HUERTA	◊ STEINEM
◊ COWAN	◊ LORDE	◊ THUNBERG
◊ DAVIS	◊ MAATHAI	◊ YOUSAFZAI

"I want you to act as if the house is on fire, because it is."

Greta Thunberg

Leymah Gbowee (1972–)

```
C T F Y D O F L P U N H F L U
O B H E A L T H E E D P W O W
N F V T G R H M H N N W H L E
F I C E E O P E O B P A O P T
L H S N B T P C I V I L W A R
I D R P U L E J T A T H E L L
C T E I A S U H M S C L C W V
T O W W D S V E A E I H V N N
D O O L T S J E R Z J O L I W
U L P I I O B L L I F Y E V O
T V C T H Y E B G R B R E L M
G E I N L B I V F P E B W H I
O N J I O L A I C O S F O N G
S A A N M O T H E R G G B N H
Y D F P M N E S P I W M G T T
```

◊ BLUE RIBBON FOR PEACE

◊ CONFLICT TRANS-FORMATION

◊ SAMUEL GBAYDEE DOE

◊ GBOWEE PEACE FOUNDATION AFRICA

◊ JOHN JAY MEDAL FOR JUSTICE

◊ JOLI HUMANITARIAN AWARD

◊ *MIGHT BE OUR POWERS*

◊ MOTHER PATERN COLLEGE OF HEALTH SCIENCES

◊ NOBEL PEACE PRIZE

◊ *PRAY THE DEVIL BACK TO HELL*

◊ SECOND LIBERIAN CIVIL WAR

◊ SIT-INS

◊ SOCIAL WORK

◊ *THE DAILY BEAST*

◊ WANEP

◊ WIPNET

◊ WIPSEN

Leymah Gbowee is a Liberian peace activist who was awarded the Nobel Peace Prize in 2011. Gbowee led women from all backgrounds to take part in the nonviolent movement pursuing peace in Liberia. Her work played a pivotal role in ending the brutal fourteen-year Liberian civil war.

Athletic Achievers

```
P R E S A S C W M R E N Y O J
E A Z A R E N K A L N L D P B
L E T B R T B I N S O E I N I
A U S T F A B R A E D D D M C
H F Y G E B D W V E D E R L E
S C B T T E L C O T N C I Y N
S E R P E I A K L N M K K N A
Y H L V Y S W A I I W Y S A M
W R A I E S H S T N F U O M O
E U P R B S E A A O G F N S C
G D R D A Y N Z R S U H E I H
H O N V A P O N V B V U H A C
T L L O L R O N A I F I A R V
Y P E N N I H V N G L B M B V
N H V N B H H F A L H B M V W
```

◇ AZARENKA   ◇ HAMM   ◇ RADCLIFFE

◇ BILES   ◇ HILL   ◇ RAISMAN

◇ COMANECI   ◇ JOYNER   ◇ RUDOLPH

◇ DIDRIKSON   ◇ KING   ◇ SHARAPOVA

◇ EDERLE   ◇ LEDECKY   ◇ TABEI

◇ ENNIS   ◇ NAVRATILOVA   ◇ TORRES

◇ GIBSON   ◇ NEHWAL   ◇ VONN

◇ HALEP   ◇ NYAD   ◇ ZORN

"Always work hard and have fun in what you do because I think that's when you're more successful. You have to choose to do it."

Simone Biles

Megan Rapinoe (1985–)

```
C R O L R U N P G W D S N T P
H W A T D O N L L F H R U O M
I B I C D G G A N E A N I O M
C W L N I G C Y B P I D N B N
A P O E G A E R T L R P N T
G L R R C E L R E M A E T E C
O L C M L I R D C O W D P D A
O A G V E D S G C R D D O L L
W S R V D T C A O G Y I R O I
V Y E M A L A U S A O N T G F
R S I T V Y P E P N L G L B O
L F E P R O T E S T L F A V R
E S T A R S A H T W Y V N A N
L G B T Q R I G H T S H D T I
S N E M O W N B E S T F I F A
```

◊ BEST FIFA WOMEN'S PLAYER 2019

◊ SUE BIRD

◊ CALIFORNIA

◊ CAPTAIN

◊ CHICAGO RED STARS

◊ FIFA WOMEN'S WORLD CUP 2019

◊ GOLDEN BOOT 2019

◊ LGBTQ RIGHTS

◊ CARLI LLOYD

◊ LONDON OLYMPICS 2012

◊ ALEX MORGAN

◊ OL REIGN

◊ PORTLAND PILOTS

◊ RACIAL JUSTICE PROTEST

◊ REDDING

◊ SHEBELIEVES CUP 2020

◊ SOCCER

◊ UNITED STATES NATIONAL TEAM

◊ WINGER

◊ WOMEN'S RIGHTS

Megan Rapinoe is an American soccer player who captains the United States national team. She has won Olympic gold, as well as the FIFA Women's World Cup twice. Outside of sport, she is an activist who is involved with many organizations supporting causes such as equal rights and LGBT issues.

```
T N I M A N N E R H E I M D Y
G H L L E V A C R R N R R O E
N N G L H W L I V V S A H D N
U V D I A Y C L U R L G L T O
P U U E R H O H E L B P G S H
F R P N A W D P A W E A N Y A
W G E R B L U B V N K N I H M
U I D S E A D I V D A C K W Y
Y S M V T H O E H M S A A E W
S S P S T O L D I D L A W L Y
A U B O O O N E I N O T R A B
N A P I C Y R M A X W E L L F
G T L A I L N O S R E D N A U
E H E B P L D B G I N G B M O
R S M U O Z A K R Z E W S K A
```

◊ ANDERSON   ◊ KING   ◊ RICHARDS

◊ APGAR   ◊ MAHONEY   ◊ SANGER

◊ ASLAN   ◊ MANNERHEIM   ◊ SEACOLE

◊ BALLARD   ◊ MAXWELL   ◊ STAUPERS

◊ BARTON   ◊ NEILL   ◊ TAUSSIG

◊ BLACKWELL   ◊ PICOTTE   ◊ WALD

◊ CAVELL   ◊ PRESTON   ◊ WRIGHT

◊ DIX   ◊ REIMANN   ◊ ZAKRZEWSKA

"Wherever it is proper to introduce women as patients, there also it is in accordance with the instinct of truest womanhood for women to appear as physicians and students."

Ann Preston

Mary Seacole (1805–1881)

```
S W A B A S E H P R I T I A W
V D P B S S E R T C O D A Y O
K B M N F R E C F I H K G B L
R L P V B V V S U G B T E W L
A U T A S L E V A R T R I B E
P N L A M A N A P E C O S B Y
P D V G P B C D C H S P Y A C
U E D N L S N I V Y F I G L H
A L T A P N E U A F L C D A O
I L C V W F I A R M F A B C L
P K H S I T T O C S A L H L E
H O L L A N D E R O I J M A R
N H T N A E M I R C L N M V A
B Y P R B R I T I S H E G A Y
C P G Y C T P U R K N A B P A
```

◊ BALACLAVA

◊ BANKRUPTCY

◊ BLACK RIVER

◊ BLUNDELL HALL

◊ "BRITISH HOTEL"

◊ CHOLERA

◊ CRIMEAN WAR

◊ CRUCES

◊ THOMAS DAY

◊ "DOCTRESS"

◊ HERBAL REMEDIES

◊ HOLLANDER

◊ JAMAICA

◊ JAMES GRANT

◊ "MOTHER SEACOLE"

◊ NURSING

◊ PANAMA

◊ LORD ROKEBY

◊ SCOTTISH

◊ TRAVELS

◊ TROPICAL DISEASES

◊ UP-PARK CAMP

◊ YELLOW FEVER

Mary Seacole was a Scottish-Jamaican nurse. She wished to go to the battlefront of the Crimean War to care for British soldiers but, despite her experience, racial prejudice saw her offer rejected. She funded her own way to the front setting up a British Hotel to provide food and supplies, as well as care, to the wounded.

```
D I V A D O H T R P A S V B L
T A R A W S H I V A R B A C U
T H E P C P C N W R N I Y D C
I T I A N P C I A F A N F S A
A A T U S A J A R R W B B A S
R A L M M S M H G V A B E V S
R M E P E S E U P N I I L I
I C P N I L R V G G I S N I N
U R A R A F I O S E R L R S G
I N B C O I R T A I R D A F E
R E G R E B N U H T U W V U R
D L M D N R T D E A U Y A L G
B R O Y S R E E M A F N L D R
G A E H B E N S O N N A C U H
N E U B A U E R A D I T S A B
```

◊ BASTIDA   ◊ GUALINGA   ◊ PELTIER

◊ BENSON   ◊ HIRSI   ◊ RAITT

◊ CACERES   ◊ LUCAS   ◊ RIFA

◊ DAVID   ◊ MAATHAI   ◊ SHIVA

◊ DEBRIS   ◊ MELITHAFA   ◊ SILVA

◊ EARLE   ◊ NAMUGERWA   ◊ SINGER

◊ FRUEAN   ◊ NARAIN   ◊ THUNBERG

◊ GIBBS   ◊ NEUBAUER   ◊ WIJSEN

"We cannot solve a crisis without treating
it as a crisis... And if solutions within the
system are so impossible to find, then maybe
we should change the system itself?"

Greta Thunberg

75   Strong Characters in Film

```
E Y V T I C U O P S G R E R U
T Y M A Y L T S E I R P M O R
S G O U V H B R N O T E S N A
G J B K L A V E A M A L F N D
H O Y R O A U H U R A D C O I
V H D B O F N G L D H E L C R
S N C R H C T H E B R I D E
T S D O O W K A D A I A B A M
R O G B G F N O V H N S B N Y
A N G D H A T D V E M E S N E
Y U O S I A S A N I S T H A L
E Y E T N A M O R I C Y U H P
D P V V L P T R F T A H R T I
A V E T P S I B A N S E I C R
M P Y Y T Y R E E L A R O D N
```

◊ JESS <u>BHAMRA</u>

◊ ERIN <u>BROCKOVICH</u>

◊ SARAH <u>CONNOR</u>

◊ <u>DORALEE</u>

◊ JYN <u>ERSO</u>

◊ <u>EVEY</u>

◊ <u>HANNA</u>

◊ KATHERINE <u>JOHNSON</u>

◊ <u>MERIDA</u>

◊ <u>MULAN</u>

◊ <u>OKOYE</u>

◊ MIRANDA <u>PRIESTLY</u>

◊ ELLEN <u>RIPLEY</u>

◊ EVELYN <u>SALT</u>

◊ LINDA <u>SETON</u>

◊ <u>SHURI</u>

◊ RYAN <u>STONE</u>

◊ KAT <u>STRATFORD</u>

◊ CHERYL <u>STRAYED</u>

◊ <u>THE BRIDE</u>

◊ <u>TIANA</u>

◊ <u>UHURA</u>

◊ DOROTHY <u>VAUGHAN</u>

◊ ELLE <u>WOODS</u>

"I don't have a feeling of inferiority. Never had. I'm as good as anybody, but no better."

Katherine Johnson

76   Rosa Parks (1913–2005)

Rosa Parks was a civil rights activist born in Alabama, 1913. Growing up in the Southern United States at a time when Jim Crow (segregation) laws existed, Parks experienced racism from an early age. Even as a child Parks fought back, stating "as far back as I remember, I could never think in terms of accepting physical abuse without some form of retaliation if possible."

Rosa married barber and National Association for the Advancement of Colored People (NAACP) member Raymond Parks in 1932, and he encouraged her to obtain her high school diploma, which she did in 1933. Parks worked as a seamstress and also as a housekeeper for the Durr family, who would go on to sponsor her in attending Highlander Folk School. In 1943 Parks became active in the civil rights movement and joined Montgomery NAACP, becoming its secretary until 1956. As secretary, she organized activities including those for "The Committee for Equal Justice for Mrs. Recy Taylor."

In 1955 Parks was arrested for refusing to give up her seat in the designated "colored" section of a bus to a white person. Though not the first person to refuse to give up her seat, Parks' position as a respectable, educated, married woman with a stable job led to her becoming the face of the Montgomery Bus Boycott. Led by the young pastor Martin Luther King, Jr., the bus boycott, which saw black people refuse to use public transport while it remained segregated, is widely believed to be the spark that truly ignited the American Civil Rights movement. The boycott was successful and launched King into the public consciousness.

Parks and her husband later relocated to Detroit where she remained active in NACCP and other community organizations. Parks passed away in 2005 but is still remembered as the "mother of the civil rights movement."

"My resisting being mistreated on the bus did not begin with that particular arrest. I did a lot of walking in Montgomery."

Rosa Parks

```
V N L L E W X A M E C T N I T
A I N R I S T H G I R L N A N
F X A C T I V I S T P D A F O
Y O A S A G A Y L E U C N R M
M N C M G N L G C S V Y S D K
S O P I T I V O T E R S R N D
R C N A G K R R T A S Y R O N
E D E T M I I L T Y N Y U S I
Y B E H G A S E S L E W D N L
N R U R L O R K A W M T E I I
O O G L O C M I R M O A H B C
C W A E E L C E A A W Y T O N
R D E S I A O V R I P L W R U
G E L H R D E C E Y E O G L O
I R D N I T I S S U B R R I C
```

- ◊ ACTIVIST

- ◊ *BROWDER -V- GAYLE*

- ◊ BUS SIT-IN

- ◊ CIVIL RIGHTS

- ◊ SEPTIMA CLARK

- ◊ "COLORED" SECTION

- ◊ JOHN CONYERS

- ◊ INDUSTRIAL SCHOOL FOR GIRLS

- ◊ LEAGUE OF WOMEN VOTERS

- ◊ MARTIN LUTHER KING JR

- ◊ MAXWELL AIRFORCE BASE

- ◊ MONTGOMERY BUS BOYCOTT

- ◊ MIA

- ◊ NAACP

- ◊ EDGAR NIXON

- ◊ RAYMOND PARKS

- ◊ RACIAL SEGREGATION

- ◊ JO ANN ROBINSON

- ◊ SECRETARY

- ◊ RECY TAYLOR

- ◊ THE DURRS

- ◊ WOMEN'S POLITICAL COUNCIL

Shirley Chisholm (1924–2005)

```
L A I T N E D I S E R P A N S
R C O N G R E S S I O N A L O
M B B D C R O H T U A S B C D
N D D U V I C Y N O S H G O A
R F E D L Y T S F E N O M M B
N S U S T C P A M W O U U M R
O R M I S W E B R D U S N I A
T I N B M O L R F C U E T T B
G U E V F Y B I T E O H M T A
N S W O R A G N U M G M S E P
I E Y T E H U G U U A S E E T
R E O E T O A R O T A C U D E
U K R R M E W B L C A U C U S
P W K S L H N E C O L L E G E
U S P L E U D A I B M U L O C
```

◊ AUTHOR
◊ BARBADOS
◊ COLUMBIA UNIVERSITY
◊ CONGRESSIONAL BLACK CAUCUS
◊ DELTA SIGMA THETA
◊ DEMOCRATIC PARTY
◊ EDUCATOR
◊ HOUSE AGRICULTURE COMMITTEE
◊ LEAGUE OF WOMEN VOTERS
◊ MOUNT HOLYOKE COLLEGE
◊ NEW YORK STATE ASSEMBLY
◊ PRESIDENTIAL CAMPAIGN
◊ PURINGTON CHAIR
◊ SEEK
◊ *THE GOOD FIGHT*
◊ *UNBOUGHT AND UNBOSSED*
◊ UNITY DEMOCRATIC CLUB

Shirley Chisholm was an American activist and politician. The first African American woman elected to the United States Congress, she went on the become the first woman to run for the Democratic Party's presidential nomination. During her career she supported the Equal Rights Amendment and founded the National Women's Political Caucus.

Educators

```
E  G  K  B  U  O  R  H  L  A  A  L  U  D  D
A  L  E  M  Y  P  M  R  A  D  N  O  B  O  E
W  I  L  D  E  R  I  J  O  H  N  S  O  N  L
I  N  L  A  N  F  S  A  K  R  A  L  C  A  N
U  D  E  H  D  U  T  L  V  Y  Y  D  B  P  T
G  S  R  R  E  N  R  A  W  N  O  T  H  S  A
E  L  U  H  P  P  A  L  M  E  R  G  E  A  I
K  P  A  L  E  Y  L  R  V  L  R  H  C  V  Y
I  Y  F  B  L  P  H  A  C  U  T  O  D  V  A
N  E  N  E  A  I  T  W  W  I  L  L  A  R  D
P  L  W  T  T  O  V  E  S  L  S  T  B  N  U
O  I  U  H  C  R  L  A  I  E  W  O  L  S  W
G  A  V  U  B  L  U  N  N  E  B  L  I  A  S
H  B  A  N  M  I  S  I  L  C  P  M  R  M  I
O  C  I  E  F  Y  N  L  B  A  I  D  S  V  E
```

◊ AL HROUB   ◊ CRANDALL   ◊ PALEY
◊ ASHTON-   ◊ GOPNIK   ◊ PALMER
  WARNER   ◊ GRUWELL   ◊ PHULE
◊ ATWELL   ◊ JALAL   ◊ SLOWE
◊ BAILEY   ◊ JOHNSON   ◊ SULLIVAN
◊ BETHUNE   ◊ KELLER   ◊ WARD
◊ BONDAR   ◊ MISTRAL   ◊ WILDER
◊ CLARK   ◊ NTAIYA   ◊ WILLARD
◊ COLLINS

"You see these girls going to school one day
and being married off the next... I knew if I
could make a difference, I would... I needed
to do something and I needed to start from
home. That is why I am in this work now."

Kakenya Ntaiya

```
N U H A P E P P A S A L R B T
E A F A S S U M P T I O N E T
U L K H S M O L N Y S F A T H
G M S A W B T F E O S C G S O
A P N H Z I P S F E U T I K M
E E O A S B N G Y A R I F O E
L T V T P N S T V Y I F Y Y W
P R O Z W P E T E R S B U R G
O O K U S I S S E R P M E R A
T V A B C C A T H E D R A L M
E N H O S T E R M A N F A N O
M A S V B P E T R O V I C H S
K R U S S O T U R K I S H F C
I N S T I T U T E O B I H A O
N E U T R A L I T Y B F D U W
```

- ◊ ASSUMPTION CATHEDRAL
- ◊ IVAN BETSKOY
- ◊ EMPRESS OF RUSSIA
- ◊ FREE ECONOMIC SOCIETY
- ◊ LEAGUE OF ARMED NEUTRALITY
- ◊ MOSCOW FOUNDLING HOME
- ◊ *NAKAZ*
- ◊ IVAN OSTERMAN
- ◊ PETER III
- ◊ PAUL PETROVICH
- ◊ ANNA PETROVNA
- ◊ GRIGORY POTEMKIN
- ◊ RUSSO-TURKISH WAR
- ◊ SAINT PETERSBURG
- ◊ SMOLNY INSTITUTE
- ◊ FYODOR USHAKOV
- ◊ WINTER PALACE
- ◊ PLATON ZUBOV

Catherine the Great was a Russian empress.
A cultivated and ambitious woman, she was instrumental
in the overthrow of her widely disliked husband Peter
III. Her liberal beliefs and intellectual pursuits saw her
lead Russia into European cultural and political life.

Egyptian Deities

```
C T E R E W T E H E M F G H W
T E I T T A T V E N O A B T
S T U E I H E H C U Q T W I T
Y N S J P A K H E T H E M G E
H E A D E T S I C O L M T E B
T M A A N E E T R E A O U S H
H I S W W T K T E A B W H A K
P U E P R U H G U R N E P M E
E V T A T N M C T N S U K U N
N H T S R E E M C M F O K N G
P S D S N N T R E S N E W E G
A S G H U E G T A W E M T T T
B W I E D R E T R D I U E C E
Y T U T U T I B A S T E T D G
D O D O W S S G U T H W T L L
```

◊ AMMIT   ◊ IUSAASET   ◊ PAKHET

◊ AMUNET   ◊ KEBECHET   ◊ RENENUTET

◊ ANUKET   ◊ MEHET-WERET   ◊ SATIS

◊ ASTARTE   ◊ MENHIT   ◊ SEKHMET

◊ BASTET   ◊ NEITH   ◊ SHESMETET

◊ HATHOR   ◊ NEKHBET   ◊ TEFNUT

◊ HEQET   ◊ NEPHTHYS   ◊ WADJET

◊ IMENTET   ◊ NEPIT   ◊ WOSRET

"Nut was the goddess of the sky...[she] was lithe and beautiful. Stars and constellations adorned her skin, and her hair floated about her form."

Colleen Houck

Animal Rights Activists

```
G R U N B N F E M E I H T L Y
H M A A D O F U M P B A O E E
W M C A R T H U R N Y B P H N
F C I N O T F S H B H R O S T
O M U A M U G O A R P H E C R
L Y N C H H C V A Y O W L H A
A N D E R S O N G P R D L G C
L I N D A F H E G E B Y A E C
O C A V E N D I S H H A D L M
T S P P I H P I H M K O O L G
L F R K D R N B P H A E O A I
A T S A U G M W E N H D G T L
A A V M E E G E C O W W A L B
B I R R L I L H H B U U N E O
S B O L S E L U O K A R D Y A
```

◊ AALTOLA   ◊ COHN   ◊ LIND AF HEGEBY

◊ ADAMS   ◊ DAVIS   ◊ LYNCH

◊ ANDERSON   ◊ DRAKOULES   ◊ MCARTHUR

◊ BASKIN   ◊ GELLATLEY   ◊ MCCARTNEY

◊ BROPHY   ◊ GILBOA   ◊ MELL

◊ CANAAN   ◊ GOODALL   ◊ PHIPPS

◊ CAVENDISH   ◊ HUTTON   ◊ SINGER

◊ COBBE   ◊ KHEEL   ◊ THIEME

**"The least I can do is speak out for those
who cannot speak for themselves."**

Jane Goodall

Oprah Winfrey (1954–)

```
L T T N E D L O G G R R I B E
L C Y S Y S L N N I E S A F A
W Y V M O O U I O P O V S P C
H T M V I H K N U P P D B V T
Y E W H A T V S D O R U E T R
W E R A Y N O T R A T A I D E
S M A H A R G E W L Y D H P S
R S E L M A C A E D R V E ' S
E W T Y V U G R D T A A U D S
H R U O D W T E S O B M E C C
C A U O D H L N E O U V A H O
T M R S G P A O D G O Y O V H
A P Y I R A O Y E L K N I R W
W M E U C O C V E L H B E W M
B W P P S O F B N E T W O R K
```

◊ ACTRESS

◊ *A WRINKLE IN TIME*

◊ *BELOVED*

◊ EMMY AWARDS

◊ GOLDEN GLOBE AWARD

◊ STEDMAN GRAHAM

◊ GAYLE KING

◊ NAACP IMAGE AWARDS

◊ *OPRAH'S ANGEL NETWORK*

◊ PEABODY AWARD

◊ PRODUCER

◊ *SELMA*

◊ *SUPER SOUL SUNDAY*

◊ *THE BUTLER*

◊ *THE COLOR PURPLE*

◊ TONY AWARD

◊ TV HOST

◊ WEIGHT WATCHERS

◊ *WHAT I KNOW FOR SURE*

Oprah Winfrey is an American television host, actress, philanthropist, and entrepreneur. Her talk show was the highest ranked in the United States and she went on to expand her media empire to include magazines, her own television network, and a production company, as well as the Oprah's Angel Network that supports charitable initiatives across the world.

Rock Stars

```
D A I N D M E D G M F P S G O
C S V R U L E C O G A W M R R
U W O W B N E S R D E A I A N
S F O H D R S Y D S T O T U M
E U W L V H N A O W R A H N T
A A O E A I N F N D N N L O U
Y V N R L F O M A E L M O S Y
E K T P T C T N B Y B D D N N
A W O N E S T S C A B B I A O
E J L Y S A I W I L L I A M S
A I R W L L D O E S K C I N L
J Y R R A H I L U M W N D F I
N E L R A O L C S X L E S C W
U L T U U A D R K T A V S P V
T L H T D C P V G L F W U T F
```

- PAT <u>BENATAR</u>
- EXENE <u>CERVENKA</u>
- CHERIE <u>CURRIE</u>
- BRODY <u>DALLE</u>
- KIM <u>DEAL</u>
- BETH <u>DITTO</u>
- LITA <u>FORD</u>
- KIM <u>GORDON</u>
- DEBBIE <u>HARRY</u>
- JOAN <u>JETT</u>
- JANIS <u>JOPLIN</u>
- COURTNEY <u>LOVE</u>
- SHIRLEY <u>MANSON</u>
- ALISON <u>MOSSHART</u>
- STEVIE <u>NICKS</u>
- DOLORES <u>O'RIORDAN</u>
- CRISTINA <u>SCABBIA</u>
- SIOUXSIE <u>SIOUX</u>
- GRACE <u>SLICK</u>
- PATTI <u>SMITH</u>
- LYN-Z <u>WAY</u>
- SANDY <u>WEST</u>
- HAYLEY <u>WILLIAMS</u>
- NANCY <u>WILSON</u>

"I grew up in a world that told girls they couldn't play rock 'n' roll."

Joan Jett

```
O I R E G N I S S E L H C S B
C A L D E R E D L I W I C M W
F P I Y U C C R E W S A R R S
M S E T O P R A N S R R Y I L
L G B R T E S B A M S Y R T D
R M D E I O T B I I E H H W R
E H G C P T I C E N E I Y H I
I M R N O R H G N P L T N C A
E E G R I A E I A L L E N Y B
M T T T E M L P M I R N E G G
L B I L U I E A O S B L N O O
H I U N L Y N D G N H E P O S
A N D S D C R B T S S B A D I
D A H L H B E N A N T I I E U
D N O S B O R E E A I N N E S
```

◊ ALLEN   ◊ CARMICHAEL   ◊ MERCIER

◊ ASHLEY   ◊ CREWS   ◊ PREPON

◊ BAIRD   ◊ DAHLMEIER   ◊ ROBSON

◊ BASSI   ◊ DEMING   ◊ SCHLESSINGER

◊ BENANTI   ◊ GOODE   ◊ SECORD

◊ BIAGIOTTI   ◊ HILLMAN   ◊ SIEGEMUND

◊ BUSH   ◊ INNES   ◊ TROTT

◊ CALDER   ◊ LINNEY   ◊ WILDER

"I am beginning to learn that it is the sweet, simple things of life which are the real ones after all."

Laura Ingalls Wilder

85   Jane Austen (1775–1817)

Jane Austen was an English novelist born in Steventon, Hampshire, 1775. The daughter of a rector, Austen was one of eight children, and was particularly close to her older sister Cassandra. Her father was a scholar and encouraged the same in his children.

Austen's family life, and the lives of those with whom they surrounded themselves, provided Austen with a wealth of material for her writing. Austen began writing at a young age and her collected juvenilia includes verses, short novels, and plays, including *The Beautifull Cassandra*.

Little is precisely known of her private life however, due to her propensity for satire within her letters, as well as the fact that those letters that have survived were ruthlessly censored by her sister. It is believed Austen had affection for Tom Lefroy but that their circumstances would not allow marriage and they were quickly separated. Austen also became engaged to Harris Biggs-Wither but changed her mind just one day later.

Though *Northanger Abbey*, then called "Susan", was sold to a publisher in 1803, it was never published and it was not until 1811 that her first novel *Sense and Sensibility* was published, anonymously, by Thomas Egerton. *Pride and Prejudice* followed in 1813, and was popular, establishing Austen as an author (though still anonymous). *Mansfield Park* was published in 1814, and *Emma* followed in 1816. Austen received no recognition during her short life, and when she died aged 41 in 1817 scarce attention was paid to her passing, even when her brother Henry revealed her identity and published her remaining works.

Latterly, Austen's work has been recognized as instrumental in shaping the modern novel. Her wit and shrewd observations of life render Austen's work ever-popular and readers and critics alike remain fascinated by her writing.

> **"I hate to hear you talking so... as if women were all fine ladies, instead of rational creatures. We none of us expect to be in smooth water all our days."**
>
> *Jane Austen*

```
E N G L A N D L E I F S N A M
G U Y F S S A N D I T O N O Y
N B I G G W I T H E R E X A W
I E R W N R G Y P L E F R O Y
D R W H E O S P R A O R M D S
A I S H A D T C I R U C N F P
E T T R P S I N D M H M O L I
R A B B E Y N N E G R E I A H
C S D A W G N O F V L H S D S
I E B H T O O V S C E A A Y D
F N O V T H S E P T M T U S N
Y S W R M V R L C M A D S U E
M E E C I D U J E R P W R S I
L G R A R D N A S S A C E A R
E R I H S P M A H O E F P N F
```

◊ BATH

◊ HARRIS BIGG-WITHER

◊ *CATHERINE,*
  OR THE BOWER

◊ THOMAS EGERTON

◊ *EMMA*

◊ HAMPSHIRE

◊ *LADY SUSAN*

◊ TOM LEFROY

◊ *LOVE AND FRIENDSHIP*

◊ *MANSFIELD PARK*

◊ JOHN MURRAY

◊ *NORTHANGER ABBEY*

◊ OXFORD

◊ *PERSUASION*

◊ *PLAN OF A NOVEL*

◊ *PRIDE AND PREJUDICE*

◊ READING ABBEY GIRLS'
  SCHOOL

◊ *SANDITON*

◊ SATIRE

◊ *SENSE AND SENSIBILITY*

◊ STEVENTON

◊ *THE BEAUTIFULL*
  CASSANDRA

◊ *THE HISTORY OF ENGLAND*

◊ *THE WATSONS*

```
L S A G N U T A R A M U K E R
I O O G A N D H I M C N D H A
T C R L L A M M A S A W V A V
A A R A B R A B Y T E R D S O
P M E R K E L A R Z C S I I H
B P N R E D R A M B B H E N Z
G B O O E Y P G O Y R D E A D
C E D Y B O R W S L U U V R N
R L Y O N B I F C R N C F F I
E L E D Y H O G O I D A A W C
S R A M O U R I S A T E U S P
S R V T E T I R O C L M H G E
O I A R S T Z R N R A B E V B
N E Y L O O E I I R N M T I L
E N I E H G U S A M D A C R R
```

◊ ARDERN	◊ GANDHI	◊ MOSCOSO
◊ ARROYO	◊ HASINA	◊ PATIL
◊ BARBARA	◊ HEINE	◊ RAPONDA
◊ BHUTTO	◊ INDZHOVA	◊ SIRLEAF
◊ BRUNDTLAND	◊ KUMARATUNGA	◊ SOLBERG
◊ CAMPBELL	◊ MARIN	◊ THATCHER
◊ CRESSON	◊ MEIR	◊ ZEWDE
◊ DIOGO	◊ MERKEL	◊ ZIA

"To me, leadership is not about necessarily being the loudest in the room, but instead being the bridge, or the thing that is missing in the discussion and trying to build a consensus from there."

Jacinda Ardern

Benazir Bhutto (1953–2007)

```
A N O I T A N I S S A S S A G
M O H T A R M A D E S T I N Y
I T H G I Y T I S R E V I N U
M S I R E H C T A H T D F S Y
P N O I T A I L I C N O C E R
R U O P E R A T I O N G V H A
I F A C R D E G D B D T S R T
S I H O U S E M B M E I T W I
O T T U H B B D I Z D R J T L
N A T S I K A P A R T Y A C O
M E L I X E M R U M P I C L S
E S D N P L D K H S U K K U R
N V G D D A U G H T E R A D E
T U B H R O X F O R D R L M R
I F W I S E C U L A R I S T D
```

◊ ASSASSINATION
◊ NUSRAT BHUTTO
◊ *DAUGHTER OF DESTINY*
◊ HOUSE ARREST
◊ IMPRISONMENT
◊ KURDISH
◊ LIBERAL
◊ *MOHTARMA*

◊ OPERATION MIDNIGHT JACKAL
◊ PAKISTAN PEOPLE'S PARTY
◊ PRIME MINISTER OF PAKISTAN
◊ *RECONCILIATION*
◊ SECULARIST

◊ SELF-IMPOSED EXILE
◊ SINDHI
◊ SOLITARY CONFINEMENT
◊ SUKKUR PRISON
◊ THATCHERISM
◊ UNIVERSITY OF OXFORD
◊ ASIF ALI ZARDARI

Benazir Bhutto was Prime Minister of Pakistan and the first female elected head of a Muslim nation. Though her time as leader was controversial, with accusations of widespread corruption, her success in gaining office democratically served as an inspiration. She was assassinated in 2007 while campaigning for a third term as Prime Minister.

Tennis Titans

```
A S R H S A A C L E T S A H H
T W C I W R W T H L L R F F A
V I I N A D E N T S D F E V C
T Y S G W V D T E E R L O V E
H R M I A T O L S W N R N D E
A L O S T V E L G J A N A R N
A V H P R S O I I F I W E M O
Z K O E N E M P A T S L S P S
I E S T N E B S A U A L C A B
G B N N I I V R I R K R L P I
M N G I A V N A E M A Y V I G
U A I R T W K Y D K S H V A W
O F S K A R D T R U O C S P N
A S E R T F A A Z U R U G U M
O M S E R U A M R H A L E P C
```

◇ CLIJSTERS   ◇ HINGIS   ◇ OSAKA

◇ COURT   ◇ KERBER   ◇ PENNETTA

◇ DAVENPORT   ◇ KING   ◇ RADWANSKA

◇ EVERT   ◇ KVITOVA   ◇ SAFAROVA

◇ GIBSON   ◇ MARTINEZ   ◇ SELES

◇ GRAF   ◇ MAURESMO   ◇ SHARAPOVA

◇ HALEP   ◇ MUGURUZA   ◇ WADE

◇ HENIN   ◇ NAVRATILOVA   ◇ WILLS

"Think of all the girls who could become top
athletes but quit sports because they're afraid
of having too many defined muscles and
being made fun of or called unattractive."

Serena Williams

```
P B U N S A I N T L T N B R C
O I R O A M H E R R I N G S A
H I Y I B M R R E D Y H O T N
S V T L L I O D V A S V O P G
I S R I O V E R U A E B O A A
B E A L W R A G E Y R R I T M
H L M L D L U L L U E E L A R
C R M N H S T N B N H O I Y A
R A U B T T U V I L O T Y M H
A H T I A R Y M N N G N F I S
S C N B B S N A E L R O I M L
A S V M G G F U R E N P H H M
S R E I T I O P R O B D A R C
W T A N F R N I H P U A D P D
G E F W I O T R O Y E S W V E
```

- ◊ <u>ARCHBISHOP</u> OF <u>EMBRUN</u>
- ◊ <u>ARMAGNAC</u> FACTION
- ◊ <u>BATTLE</u> OF THE <u>HERRINGS</u>
- ◊ BATTLE OF <u>PATAY</u>
- ◊ <u>BEAUREVOIR</u> CASTLE
- ◊ <u>CHARLES VII</u>
- ◊ <u>CHINON</u>
- ◊ JACQUES <u>D'ARC</u>
- ◊ <u>DAUPHIN</u>
- ◊ <u>HERESY</u>
- ◊ <u>HUNDRED</u> YEARS' <u>WAR</u>
- ◊ LES <u>AUGUSTINS</u>
- ◊ <u>LOIRE</u>
- ◊ <u>MARTYR</u>
- ◊ <u>POITIERS</u>
- ◊ <u>REIMS</u>
- ◊ <u>ROMAN</u> CATHOLIC <u>SAINT</u>
- ◊ <u>ROUEN</u>
- ◊ "THE MAID OF <u>ORLEANS</u>"
- ◊ <u>TROYES</u>

Joan of Arc was a French medieval peasant girl, who, believing herself under divine influence, led the French army to victory against the English at Orléans. She was captured and burned at the stake by the English, but the charges against her were later annulled and she was canonized, becoming a national heroine of France.

```
C P E R W T H G I R W I Y C L
F O E M G O L T I N N D E V U
G A S F Y L N G P I M A N H I
U O R Y E L S G O E W R U D N
H Y Y D S E H B N L I T E Q A
D S N R G B Y O H K D I P I L
F E E A U P C Y G E S E N V H
W Y R U H M D H O S U G N S A
I R O L Y A T K U I R M O A B
A G V W C C E G N A T H A S L
Z U S D I L I T M W G C F N A
A L N S L N T S Y S Y C A L N
M C Y E H S R E H R C S W R I
E Y R F E R N A N D E Z E O R
S G R E Y T H O M P S O N L F
```

◊ AL BAHLANI
◊ CAMPBELL
◊ CARR
◊ CONE
◊ DART
◊ FERNANDEZ
◊ FRYD
◊ GHOSH

◊ GOLDEN
◊ GREY-THOMPSON
◊ HERSHEY
◊ HEUMANN
◊ INGRAMS
◊ IYER
◊ KELLER
◊ KLEIN

◊ NIGUSSIE
◊ QUAN
◊ SEGARRA
◊ TAYLOR
◊ WENDELL
◊ WONG
◊ WRIGHT
◊ ZAMES

"No pessimist ever discovered the secret of the stars, or sailed to an uncharted land, or opened a new doorway for the human spirit."

Helen Keller

```
M V U Y P U N O I T A C U D E
M A G I S T R A T E R T C O E
W I T T E N O O M E Y N B D E
N R T T Y M C B B Y T E Y E N
O I E E A G H M T D E M E A G
I G G O U K E W D D I A T G N
T H W L S M A P O P C I N W I
C T E S T O P R D V O L O C T
E S L E R O S Y R N S R S O E
T V F T A H E L A A B A A W E
O D A T L P X L O F K P M A W
R N R O I V I S B A E M E N S
P S E C A S U F F R A G E A N
S A R O T A N O T D L A R E G
S N E R D L I H C L M N F M O
```

◊ AUSTRALIA
◊ BOARD OF EDUCATION
◊ THOMAS BROWN
◊ CHILDREN'S PROTECTION SOCIETY
◊ COTTESLOE
◊ JAMES COWAN
◊ FREEMASON

◊ GERALDTON
◊ KARRAKATTA CLUB
◊ MAGISTRATE
◊ MEMBER OF PARLIAMENT
◊ NATIONALIST PARTY
◊ OBE
◊ PERTH

◊ RIGHTS OF CHILDREN
◊ SEX EDUCATION
◊ CANON SWEETING
◊ WELFARE ISSUES
◊ JOHN WITTENOOM
◊ WOMEN'S SUFFRAGE

Edith Cowan was the first woman elected to the Australian Parliament in 1921. Though Cowan only served for one term, she was an effective member of parliament. She advocated for those suffering the ill-effects of poverty, particularly women, including single mothers, and children. She is the only Australian woman to have a university named after her.

Pulitzer Prize Winners

```
N E L A D S A E T M M E D D S
N O S N E H V M A A V V U T T
W I L K I N S O N R Y O N Y R
F I T Z M A U R I C E D O W O
I P U D R N E P E R W M T E U
H R A E D E O D S K O O X L T
L O E T S D K T T R L D E L O
V U L S P B W C R E A A S S B
B L C E R B P I U A W A W Y P
M X V I L R S C A T H E R L L
T A C R G O V L C M L W A A L
T T H P N O V F F U I T H E E
S U R A A K G V Y L H I R H W
I N G A R S F L L B R O U R O
W V I W T G S E P I P C W H L
```

◇ BLUM   ◇ LAHIRI   ◇ TARTT

◇ BROOKS   ◇ LOWELL   ◇ TEASDALE

◇ CATHER   ◇ MORRISON   ◇ TUCKER

◇ DOVE   ◇ PLATH   ◇ WALKER

◇ FITZMAURICE   ◇ PRIEST   ◇ WELLS

◇ GRAHAM   ◇ PROULX   ◇ WHARTON

◇ HEALY   ◇ SEXTON   ◇ WILKINSON

◇ HENSON   ◇ STROUT   ◇ WILLE

"I'm a believer in the power of knowledge
and the ferocity of beauty, so from my point
of view, your life is already artful—waiting,
just waiting, for you to make it art."

Toni Morrison

Racing Drivers

```
N C O A Y E N W O D L U M W F
N H A T G L I Y V I S S E R M
A A D O O H D P A T R I C K O
M D U L Z E R D F I S H E R U
T W G L T V A U H O W P Y D T
A I A I I B B T F C O W H S O
H C S V M F M I S W A A D E N
F K T E H N O I E I W M G S W
H F S D C T L L S K O G A U S
R L L V S V L E I N E U U T R
E P F O E P M N O L U T E F I
H E O S W A S S P B G H I U D
Y T T B J B L T C G W R D A A
H R N T D I M H C S N I E L K
O E S V W D W O H L W E N D E
```

◊ AMATI

◊ CHADWICK

◊ DE VILLOTA

◊ DU GAST

◊ FISHER

◊ GUTHRIE

◊ HAWKINS

◊ HOOD

◊ KLEINSCHMIDT

◊ LEGGE

◊ LOMBARDI

◊ MANN

◊ MOUTON

◊ MULDOWNEY

◊ PATRICK

◊ PETRE

◊ POWELL

◊ SCHMITZ

◊ SILVESTRO

◊ ST JAMES

◊ VISSER

◊ WILSON

◊ WOHLWEND

◊ WOLFF

"I was a kid from upstate New York with no guidance, no direction. I was headed for trouble, nothing going for me. Then I found the sport at a very young age and was able to make something out of it."

Shirley Muldowney

94   Mary Wollstonecraft (1759–1797)

Mary Wollstonecraft was an English writer and supporter of equal rights, born in London, 1759. Wollstonecraft was ahead of her time, believing that women were not lesser than men, but were rendered so only by the curtailments placed upon them by limited access to education. She was a forebear of feminism and published the seminal *A Vindication of the Rights of Woman* in 1792, in which she called for radical political reform as a means to the betterment of women, and so society.

Outside of her beliefs and writing Wollstonecraft was equally unconventional. She moved to France in order to witness the revolution, and here met Gilbert Imlay, with whom she embarked on a romance, resulting in a daughter, Fanny Imlay. When Gilbert abandoned her and their daughter, Wollstonecraft attempted suicide. In a final bid to resurrect the relationship she undertook a highly unconventional journey, on behalf of Imlay's business interests, through Scandinavia with only her daughter and a maid. *Letters Written in Sweden, Norway, and Denmark* detail this journey and the further breakdown of their relationship.

On her return to England, after another failed suicide attempt, Wollstonecraft became associated with a group of radical thinkers, including William Godwin, William Blake, and William Wordsworth. She soon became involved with Godwin and pregnant with their daughter, the couple married. They had a short but happy marriage, resulting in one daughter, acclaimed author Mary Shelley, but Wollstonecraft sadly passed away only a few days after the birth. Though interest in her was, for some time, focused on her scandalous personal life, appreciation of her work later grew, with *A Vindication of the Rights of Woman* now recognized for its importance to early feminism and the equal rights movement.

"Should it be proved that woman is naturally weaker than man, from whence does it follow that it is natural for her to labour to become still weaker than nature intended her to be?"

Mary Wollstonecraft

```
T R A N S L A T O R E W W B I
M H E B A A S R E A L L I F E
I M L A Y M R E H C A E T O G
L B L L R G O G R I M V P W W
C B J L B G B W O A E A Y R F
O V O B F R O L S D F R I O D
F R H V Y S A V C H W T R N D
T U N E D U T U E S E I G G G
S W S N Q U G B T R G L N S U
I Y O E C B A H L I N F L E N
N H N D L I G M N O R E G E A
I Y P R R I B A S E O P S C Y
M O A A R T L B N O U D B S M
E C M C U L A C I T Y L A N A
F A N M R E H P O S O L I H P
```

- *ANALYTICAL* REVIEW
- JANE ARDEN
- FANNY BLOOD
- EQUAL RIGHTS
- FEMINIST
- FRENCH REVOLUTION
- HENRY FUSELI
- GILBERT IMLAY
- WILLIAM GODWIN
- GOVERNESS
- JOSEPH JOHNSON
- *MARIA: OR, THE WRONGS OF WOMAN*
- *ORIGINAL STORIES FROM REAL LIFE*
- PHILOSOPHER
- MARY SHELLEY
- TEACHER
- *THE FEMALE READER*
- TRANSLATOR
- TRAVEL NARRATIVE
- WOMEN'S RIGHTS
- WRITER

Chefs

```
V E D P A Y B D V G E T I S C
L C N E L N E I N E T R A G R
D D A C V A A R S U W E R C E
N I K F H F R H H E A U G O N
N S A N T I N I K P S W R M N
D B Y F V M L K M C M B E E L
R H A H T C C D A W I U S R P
A O M F Z O P L R O T R H F M
W G A S D I L G T O H B A O I
D A W A O E T A E I I P M R D
O L R O D N A R W C N D I D G
O C H A H R I M O S P Y Y P N
W K V M Z O G R L C O H N C A
P P S A Y W A T E R S N W F H
L G K C C B O U R G E O I S C
```

◊ ARZAK
◊ BHOGAL
◊ BISE
◊ BOURGEOIS
◊ CHANG
◊ CHILD
◊ COMERFORD
◊ CORA

◊ CRADOCK
◊ CRENN
◊ GARTEN
◊ GRESHAM
◊ HUMPHREY
◊ KHAN
◊ KHOO
◊ LAWSON

◊ MARTE
◊ NAKAYAMA
◊ ORTIZ
◊ RUSCALLEDA
◊ SANTINI
◊ SMITH
◊ WATERS
◊ WOODWARD

"The measure of achievement is not winning awards. It's doing something that you appreciate, something you believe is worthwhile."

Julia Child

Olympians

```
S S G G E K C O M A N E C I G
E E B B N S O F I M W X E M M
T M I I E S O K G Y I N A Y
T L L E L R S M C F H L V R F
T O E B K R Y T A H G E P D R
O H S K N O A I P I Y F C I E
C E R S A T H L M A L U L N E
S C N D R W O D B O T L L I M
M O A Y F D A N E H E N I E A
N U M I U F I T B F E M H W N
R G H R R S T E U G R W S S U
T H C E I T R F C O M A I A F
H L A B N T U B W T M C N I G
U I O M T G E I L S E L N T A
B N C G M V R E T T O N E H Z
```

◊ BILES
◊ COACHMAN
◊ COMANECI
◊ COOK
◊ COUGHLIN
◊ CUTHBERT
◊ DEFRANTZ
◊ EL MOUTAWAKEL

◊ ENNIS-HILL
◊ FELIX
◊ FRANKLIN
◊ FREEMAN
◊ HAMM
◊ HENIE
◊ HOLMES
◊ ISINBAYEVA

◊ KIM
◊ LESLIE
◊ MARDINI
◊ RETTON
◊ RUDOLPH
◊ SCOTT
◊ TORRES
◊ WILLIAMS

"I'd rather regret the risks that didn't work
out than the chances I didn't take at all."

Simone Biles

```
O L V O L C H E H M C Y U R N
G U A W S W U D L H H R P F O
K D S D P W N R C D U P S N I
H E N E E R G E W H D U U E T
H D N F T M E R U I E I L G A
F A H Y R T R U A H Y U M N V
S N E O A S B T G G D T R E R
A T S I V I T C A R E S Y L E
F N O O U N W E U U W B S L S
R E P D C D O L I B O R I A N
I M H W L I M R F S B N E H O
C E I O G R E V M T N B U C C
A V E R L A N T Y T U N C Y U
U O T L F W S L Y I E A R T H
P M Y D R A W A E P G V G D M
```

◊ ACTIVIST
◊ CONSERVATION
◊ EDINBURGH MEDAL
◊ GREEN BELT MOVEMENT
◊ HUNGER STRIKE
◊ INDIRA GANDHI PRIZE
◊ KENYA RED CROSS SOCIETY

◊ LECTURER
◊ MIDDLE GROUND GROUP
◊ PETRA KELLY PRIZE
◊ REPLENISHING THE EARTH
◊ SOPHIE PRIZE
◊ THE CHALLENGE FOR AFRICA
◊ UHURU PARK

◊ UNBOWED: A MEMOIR
◊ UNEP
◊ UNIVERSITY OF NAIROBI
◊ UNIVERSITY OF PITTSBURGH
◊ WOMEN'S RIGHTS
◊ WORLD CITIZENSHIP AWARD

Wangari Maathai was the first African woman to win a Nobel Prize when she was awarded the Peace Prize in 2004. As well as her key role in the struggle for democracy in Kenya, she founded the Green Belt Movement with the aim of combating deforestation through tree planting across Africa.

Nobel Laureates

```
L E T R V P A U E O D V U T T
A N I E H B H D V M V U F O E
D E D M T T L N O D U B F E B
R R A I A O T A L M C R W L W
Y I C D N M G E C B U O A N O
M U N R O C S N S K B H B D T
B G A O Y T I A M G B A G G E
B A C G I K R E N T T U S L S
A M M N G L F L M D I A R T D
L E A D E L E D D A F D S N N
C S O Y G S D M N E A M A A U
H H C I V E I X E L A T M B D
S H C A S I R L E A F R H V E
O C B N S N P A D D A M S A M
G N I S S E L N T K C A G P I
```

◊ ADDAMS
◊ ALEXIEVICH
◊ ARNOLD
◊ BALCH
◊ BLACKBURN
◊ DELEDDA
◊ DUFLO
◊ EBADI

◊ ELION
◊ GBOWEE
◊ GORDIMER
◊ HODGKIN
◊ KARMAN
◊ LESSING
◊ MAATHAI
◊ MAGUIRE

◊ MUNRO
◊ MURAD
◊ MYRDAL
◊ SACHS
◊ SIRLEAF
◊ SUTTNER
◊ UNDSET
◊ YONATH

"Any human anywhere will blossom in a hundred unexpected talents and capacities simply by being given the opportunity to do so."

Doris Lessing

Superstars of the Stage

```
K U G L V F E G D G S M C E R
C O F E A P A I G E A U A S W
Y F O S T E R B G R W C C A E
A A M C F I R A T G P F N L L
N T M C V H L I W E A D O G A
S H L E V I N L T T E S N T W
T D R A H N R E B R R S C S R
R A V N M G R Y S E S Y O W E
I I E A H S F O B A E P M E N
T B R M I N N E L L I U R R C
C R D R W Y E O K S R E S D E
H E O E D P N C N P L U F N N
H N N M F G U L H L U W U A U
W L L H A B I Y I L U P O N E
N G L E Z N E M U E L L E R U
```

- ◊ ANDERSON
- ◊ ANDREWS
- ◊ BAILEY
- ◊ BERNHARDT
- ◊ BUCKLEY
- ◊ COOK
- ◊ EBERSOLE
- ◊ FOSTER
- ◊ LAWRENCE
- ◊ LUPONE
- ◊ MARTIN
- ◊ MENZEL
- ◊ MERMAN
- ◊ MILLER
- ◊ MINNELLI
- ◊ MUELLER
- ◊ MURPHY
- ◊ PAIGE
- ◊ PETERS
- ◊ RIVERA
- ◊ SALONGA
- ◊ SEGAL
- ◊ STRITCH
- ◊ VERDON

"Bringing humor and bringing happiness and joy to an audience is a wonderful opportunity in life, believe me."

Angela Lansbury

```
U K R E Y L A C I R E M A E C
H U O L S A N E M O W F V I E
L I N K R N D V V P B T V F E
W A D I C U E Y B E G I O Y G
T T D T T I I F M N L E T O E
E S D I O E H E E R G R L U K
L S I M E U D W I D B T E A S
A E U V M S Y G I A B S V S U
D G G A I O H P S V N E E K T
R A N U R T L E S P O V S M S
U R D K S O C I A L R U O E I
H U L Y M E D A C A V O O O G
T O V A L K I L L U E S R M B
R C T D O O W S N E L L A F V
A Y S I U U Y D A L T S R I F
```

◊ ACTIVIST

◊ ALLENSWOOD ACADEMY

◊ ARTHURDALE

◊ CIVIL RIGHTS

◊ DIPLOMAT

◊ FIRST LADY

◊ LORENA HICKOK

◊ HUMAN RIGHTS

◊ *IF YOU ASK ME*

◊ *LADIES OF COURAGE*

◊ *MY DAY*

◊ NEW YORK

◊ NORVELT

◊ THEODORE ROOSEVELT

◊ SOCIAL REFORM

◊ MARIE SOUVESTRE

◊ *THIS IS AMERICA*

◊ TUSKEGEE AIRMEN

◊ UNITED NATIONS

◊ VAL-KILL INDUSTRIES

◊ *WOMEN IN DEFENSE*

Eleanor Roosevelt was first lady of the United States as wife of President Franklin D. Roosevelt. A highly engaged first lady, Roosevelt was particularly interested in children's welfare, civil rights, and equal rights for women. Her career continued after her husband's presidency when she became a United Nations diplomat.

```
E D A W O O T E H W B J S C N
A M M M F M H H O M R A M S O
T W R A N D A L L H B C S R S
D N P T T U A S E Y U K O E N
E I R U C Y H T E H O S C Y H
A B H O P P E R B K I O A E O
R U P A A T S V M H A N L I J
E R N S G E R M A I N R B O N
N B O O L L E N R U B L L E B
T G T B Q U I T E B C V O I D
I A R R M U A C L N A R D V K
E H Y A I P I A B I L E G F W
M V A B E C U N L L P B E H P
S T R I C K L A N D N A T M L
V B H I T T O N A I G F T P D
```

◊ AYRTON   ◊ GERMAIN   ◊ LIN

◊ BARBOSA   ◊ GIANOTTI   ◊ MEITNER

◊ BELL BURNELL ◊ HAU   ◊ QUINN

◊ BLAU   ◊ HOPPER   ◊ RANDALL

◊ BLODGETT   ◊ HUSAIN   ◊ RUBIN

◊ BYERS   ◊ JACKSON   ◊ STRICKLAND

◊ CURIE   ◊ JOHNSON   ◊ WADE

◊ FABER   ◊ KARLIK   ◊ YALOW

"Science doesn't always go forwards. It's a bit like doing a Rubik's cube. You sometimes have to make more of a mess with a Rubik's cube before you can get it to go right."

Jocelyn Bell Burnell

```
N V A N E S B B I M E S I U F
O T C I G I O N F R I D D O Y
D W N K B N I I A R D N G V N
R T W I O F O N V O A C U A L
O S R S F J S H O W E L M H N
G C D U L G A W N N G L P E M
H E B P G L K M T S I I P I V
K C E B E R L L K G A H A L L
L W L S I M I R H R C C B L K
E I B K H V A G U R I R A I C
H W B I R P R I P M L U H A O
T D E E R F W O S C A H S B N
W E R T E N B A K E R C P P N
G C P I G E O R G E L W E C I
D E L A P P E D D R U R Y P
```

◊ BAILLIE ◊ FREED ◊ MAISEL

◊ BIRCH ◊ GEORGE ◊ MAJOK

◊ BUFFINI ◊ GILMAN ◊ NWANDU

◊ CENTLIVRE ◊ GIONFRIDDO ◊ PARKS

◊ CHURCHILL ◊ GORDON ◊ PINNOCK

◊ DELAPPE ◊ GURIRA ◊ PREBBLE

◊ DRURY ◊ HALL ◊ REBECK

◊ EDSON ◊ KIRKWOOD ◊ WERTENBAKER

"I was finding many stories about everybody else,
but none about my own people. My playwriting
became a 'necessity being the mother of invention'
type thing. I wasn't finding what I wanted to
perform, so I started to create it myself."

Danai Gurira

103   Margaret Atwood (1939–)

Margaret Atwood, born in Ottawa, Canada, 1939, is an author best known for her feminist fiction. Atwood enjoyed writing from an early age and, after competing her studies at Victoria College, University of Toronto, she went on to complete a master's degree in English Literature at Radcliffe College, Massachusetts.

Atwood's earliest published works were poetry collections such as *Double Persephone* and *The Circle Game*, which explored themes that would later become staples of her work, such as the tensions between men and women. It is her novels, with recurring themes of gender, identity, climate change, animal rights, and the power of language, for which she is best known. These include the Booker Prize-winning *The Blind Assassin*, *Oryx and Crake*, and her most famous work *The Handmaid's Tale*.

Taking place in a near future North America, *The Handmaid's Tale* is a work of speculative fiction, where a Christian theocracy rules. Under this totalitarian regime, women's bodies have become merely categorized commodities. The handmaids, cloaked in red with white habit-like wings concealing their faces, are sexual slaves to the ruling classes, merely child-bearing vessels for their oppressors. So powerful is the imagery of the handmaid that the distinctive red robes have been seen at protests and women's marches across the globe, as a visual symbol of the fight for women's rights and autonomy.

In light of recent political and protest movements, such as Me Too, Atwood's handmaid and her powerful prose have gained renewed poignancy and relevance. The continued relevance of the novel was further emphasized in 2019, with the appearance of a sequel, *The Testaments*, more than 30 years after the original's publication. For this work Atwood was awarded her second Booker Prize, jointly with Bernadine Evaristo's *Girl, Woman, Other*.

"If you're put on a pedestal you're supposed to behave like a pedestal type of person. Pedestals actually have a limited circumference. Not much room to move around."

Margaret Atwood

```
M S I N I M E F R S S W L D R
E H D V S T O N E B Y N O M E
D T A I V N R D I P L O R R W
D O L G A D O A O A L I A N O
I Y R D S M N I E F C A N E P
S R A Y C E D I T H L T G D P
V R D S X M E N L I E N E S A
I E C T H C S D A R D G L I R
C K L O A Y I S O H I E W Y O
T O I P R R A B M G B G P C N
O O F I V D B D G C L D L X R
R B F A A E C A T S E Y E U E
I B E N R M A D D A D D A M V
A B A C D B W C F H N M A A O
Y C A A K F A K Z N A R F B G
```

◊ *ALIAS* GRACE

◊ *ANGEL* CATBIRD

◊ BOOKER PRIZE

◊ CANADA

◊ *CAT'S EYE*

◊ DYSTOPIA

◊ *EXPEDITIONS*

◊ FEMINISM

◊ FRANZ KAFKA PRIZE

◊ GOVERNOR GENERAL'S AWARD

◊ *HAG-SEED*

◊ HARVARD UNIVERSITY

◊ *MADDADDAM*

◊ *ORYX* AND CRAKE

◊ *POWER* POLITICS

◊ RADCLIFFE COLLEGE

◊ *STONE* MATTRESS

◊ THE *BLIND* ASSASSIN

◊ THE *EDIBLE* WOMAN

◊ THE *HANDMAID'S* TALE

◊ THE *HEART* GOES LAST

◊ THE *ROBBER* BRIDE

◊ THE YEAR OF THE *FLOOD*

◊ VICTORIA COLLEGE

```
Y P N S B Y E L R I H S E S F
T R S A L A N D E R Y P D G A
W Y R V D W D W I L F G N T O
E N H U M S I A T H T E E A V
L N K A M F N H C O R D E R O
S E R R W M G S S V A M D E B
C C A G E I C N G N K P R I V
H W T B L K R R I A P P E S W
U E S O L O A A R O U B V N B
V A G K I T T E R I D G E E O
L S V R S L N H B O E V N V E
G L P W H I T A K E R N A E W
L E I B N G R A N G E R L P E
P Y F A B E E C V T I A N P R
Y B M I U Q B E L A C Q U A C
```

◊ TRACY BEAKER
◊ LYRA BELACQUA
◊ ELIZABETH BENNET
◊ ESPERANZA CORDERO
◊ SARA CREWE
◊ CATHERINE EARNSHAW
◊ KATNISS EVERDEEN

◊ HOLLY GOLIGHTLY
◊ HERMIONE GRANGER
◊ ANNA KARENINA
◊ OLIVE KITTERIDGE
◊ JO MARCH
◊ MEG MURRY
◊ LUCY PEVENSIE
◊ BEATRICE PRIOR
◊ HESTER PRYNNE

◊ RAMONA QUIMBY
◊ LISBETH SALANDER
◊ ANNE SHIRLEY
◊ ARYA STARK
◊ ELPHABA THROPP
◊ MOLLY WEASLEY
◊ HARRIET M WELSCH
◊ ALMA WHITAKER

"I am no bird; and no net ensnares me; I am a free human being with an independent will."

Charlotte Brontë (Jane Eyre)

The Brontë Sisters

```
C G Y E S S U N D G J D N C A
C A Y F S T E G O A T U R T E
R N E M I L Y V N A P O E M S
O O L O R M E E B H L O O T O
S T R E I R E R A Y A O A Y E
S C I N N Y A K A D R S H E T
E A H E R N C T U S B C A R T
F D S E W I A S H T R H W G E
O S I E R C U R E R A A O S L
R H L T T H A L R P D R R E L
P L A R S I L L E I L L T N I
E P Y O R K S H I R E O H G V
H O L A W H I L L D Y T S A A
T H M B Y G N I R E H T U W O
C W G N O Y B O V G L E U W F
```

◊ ACTON
◊ *AGNES GREY*
◊ ANNE
◊ JOHN BRADLEY
◊ BRANWELL
◊ CHARLOTTE
◊ CURER
◊ EMILY
◊ ELLIS

◊ GOVERNESS
◊ HAWORTH PARSONAGE
◊ *JANE EYRE*
◊ LAW HILL SCHOOL
◊ MARIA
◊ MOORS
◊ ELLEN NUSSEY

◊ PATRICK
◊ *POEMS*
◊ *SHIRLEY*
◊ MARY TAYLOR
◊ *THE PROFESSOR*
◊ *VILLETTE*
◊ *WUTHERING HEIGHTS*
◊ YORKSHIRE

The Brontë sisters—Anne, Charlotte, and Emily—were the daughters of a country clergyman who, under masculine pseudonyms, wrote some of the most powerful English language novels ever to be published. Though their lives were tragically short, their writings are still well-read, loved, and studied to this day.

```
O H O O A E E B E D A S A O A
A D N S N T L G L E R A M N C
N C U E E A S E A B Y W O A M
U T J R M N P E B R A M O I A
A A S E E O I H V Y O N N C C
F H U C S B R T E P C E U A L
C L S W I U I E A M R H F L E
E A O V S B S R N V C S S A M
D E R R E I B R A V I U U S E
E V H M A R O A I A N H E R N
S A T R E B I L D E U H A B T
I H A M C N M T V I N R E S I
A B P A L A T U A D M T O S A
Y F D F N O I A N S Y I T R D
B U E E A N I P R E S O R P A
```

◇ AURORA   ◇ FAUNA   ◇ PALATUA

◇ BUBONA   ◇ FLORA   ◇ POMONA

◇ CARMENTA   ◇ IRIS   ◇ PROSERPINA

◇ CERES   ◇ JUNO   ◇ SALACIA

◇ CLEMENTIA   ◇ LIBERTAS   ◇ TERRA

◇ CYBELE   ◇ LUNA   ◇ VENUS

◇ DIANA   ◇ MINERVA   ◇ VERITAS

◇ EDESIA   ◇ NEMESIS   ◇ VESTA

"That's Venus... She was the goddess of love. It's nice that love comes on first thing in the evening, and goes out last in the morning. Love keeps the light on all night."

Catherynne M. Valente

Billie Holiday (1915–1959)

```
H F E D F A G A N C V C M Y S
Y U G N E O I S Y W I C U G G
L N N O D R E C O R D I N G H
W I A M G G L Y B O Y I E N A
D L R M G L A S E R S U N E R
O V T A L R E L L I M M O S L
N A S H A U U R Y C H I L D E
T R C I D E Y O W A H S N Y M
E T D D Y S U M M E R T I M E
X R N E M N B H M Z F E T Y R
P I H O G G V T Z D S R A T I
L E E I S A B A M P B H S F I
A O F V V L J Y H U L I D U L
I E A S Y L I V I N G V C D T
N T C O F N E W O R L E A N S
```

◊ *BILLIE HOLIDAY SINGS*

◊ COUNT <u>BASIE</u>

◊ *DON'T EXPLAIN*

◊ WILLIAM <u>DUFTY</u>

◊ *EASY LIVING*

◊ ELEANORA <u>FAGAN</u>

◊ *GOD BLESS THE CHILD*

◊ <u>HARLEM</u>

◊ JOE <u>GLASER</u>

◊ JOHN <u>HAMMOND</u>

◊ <u>JAZZ</u>

◊ *LADY IN <u>SATIN</u>*

◊ *LADY SINGS THE BLUES*

◊ *LAST RECORDING*

◊ MARTHA <u>MILLER</u>

◊ <u>MISTER</u>

◊ <u>NEW ORLEANS</u>

◊ ARTIE <u>SHAW</u>

◊ *STRANGE FRUIT*

◊ *SUMMERTIME*

◊ *TRAV'LIN' LIGHT*

◊ TEDDY <u>WILSON</u>

◊ LESTER <u>YOUNG</u>

Billie Holiday was an American Jazz singer whose natural talent led to her being considered one of the greatest. Her later years were marred by her struggle with addiction. After her death her reputation grew and many awards were conferred on her posthumously, including induction into numerous halls of fame.

```
T L A C S I E S N H U A W V E
H D R B V A U R E K L A W L H
M N A M R E D L A M Y M O L S
L O Y N W P F G S D R V W E R
T C R E L S A A D A W I T K E
F A A R U E U O F W I A I S T
V I F T I N G N M F O C S A A
E R E E H S I U C I R E M G W
D L R V E E O A I V N E A F I
I O R M T S R N N N E A N R R
D H A S M T E O R A K T T C I
I J N U E L T I E E I D E M H
O R T R I T O U Y M A C L S A
N L E O A C I E E H T I M S L
C E T C L O S Y H T A L P E F
```

◊ AIKEN   ◊ FERRANTE   ◊ MANTEL

◊ ALDERMAN   ◊ FRENCH   ◊ MORRISON

◊ CARTER   ◊ GASKELL   ◊ OATES

◊ CATHER   ◊ HEYER   ◊ PLATH

◊ CATTON   ◊ JAMES   ◊ SMITH

◊ DIDION   ◊ KEYES   ◊ STEIN

◊ EL SAADAWI   ◊ LAHIRI   ◊ WALKER

◊ ELIOT   ◊ LE GUIN   ◊ WATERS

"Life is an adventure to be embraced with an open mind and loving heart."

Bernardine Evaristo

```
S M N Y E L L E H S S R F C A
A P E I F L O R E N C E U V M
D R T G W E B D A P V S E O C
I O M V U D E C O C R N D M T
M S H M A Y O L C R E S N V V
A E M I L L I G R G E H O G G
T R U A S D P E D L M G V C T
H P T W O T N E B B H E E L E
I I T R T K O M R F E R L A N
L N I E L F A R G G F M I I I
D E E A U R I R Y N A A S R B
A S F G D M B E W S F N T M A
S B Y B L P N O R Y B Y M O C
M F E A W V I L L A M A G N I
A W Y F R N A M T S A L I T S
```

◊ LORD BYRON
◊ *CABINET CYCLOPAEDIA*
◊ CLAIRE CLAIRMONT
◊ *FALKNER*
◊ PERCY FLORENCE
◊ WILLIAM GODWIN
◊ *HISTORY OF A SIX WEEKS' TOUR*
◊ THOMAS JEFFERSON HOGG
◊ FANNY IMLAY
◊ LAKE GENEVA
◊ *LODORE*
◊ *MATHILDA*
◊ *MIDAS*
◊ NOVELIST
◊ JOHN WILLIAM POLIDORI
◊ *PROSERPINE*
◊ SIR THOMAS SHELLEY
◊ *RAMBLES IN GERMANY AND ITALY*
◊ *THE LAST MAN*
◊ *VALPERGA*
◊ *VILLA MAGNI*

Mary Shelley was an author who is best-remembered for her novel *Frankenstein; or, The Modern Prometheus* and for her marriage to the poet Percy Bysshe Shelley. Latterly, interest in her other works has grown, resulting in a new appreciation for Shelley as both a writer and a radical thinker.

Human Rights Activists

```
E M N R O D A V L A S V F N O
S A L I R P S A R G O T D A U
T I M D V I L E A G E A F G A
E K Y A U E H W E L E F N A L
R H R M T G F T E M R U E S H
H O M M N U S H I A L N U T A
U I A A M N C N D C Y A Q B T
Y E S H H A R I C L F I A V H
S T P O B E A M A S R D L O L
E O V M A H R U U L A U B H O
N S W F L K S Z M W F I S C U
R F R A N C O P I D O A G A L
N M E L N I K O V A N N S C T
D A R U M F A N S M E L O S A
T I N A L I J C H Z N L G S I
```

◊ AL-FASSI   ◊ ESTERHUYSEN   ◊ MOHAMMADI

◊ AL-HATHLOUL   ◊ FRANCO   ◊ MURAD

◊ AMRY   ◊ HAIDAR   ◊ NASH

◊ BACHELET   ◊ HERZ   ◊ SAGAN

◊ BADAWI   ◊ JILANI   ◊ SALVADOR

◊ BLAQUE   ◊ MAI KHOI   ◊ SANGHERA

◊ CACHO   ◊ MCCLUNG   ◊ SOOKA

◊ DAEMI   ◊ MELNIKOVA   ◊ ZENG

"Killing, imprisoning or denying the rights of a human being is not injustice against one person; it enchains and kills a whole society."

Narges Mohammadi

```
F N I H U H L I F U D E F R A
S O P C M G A L I Z I A H S Y
S I W I R A H M E D B W L I A
U D A E U W L E N I V L O C K
A I L R O L B L A T E S C C S
H D T N P A L L A W A R A Y V
G R E E N H O U S E S M R R O
N O R R A S L T Q O R R S D K
I R S H M L E U N A E G O A T
R E A E A I I T L L R M N D I
D Y A V N N A C L A E E O P L
E A G E D G T U H F U N N N O
I M M L N H F A H W U D Y D P
N Y E E K C M E R B C N A A T
D N R I D L A R E G Z T I F P
```

◊ AHMED

◊ ALLAM

◊ AMANPOUR

◊ ARENDT

◊ CARSON

◊ COLVIN

◊ DIDION

◊ EHRENREICH

◊ FITZGERALD

◊ FULLER

◊ GALIZIA

◊ GRAHAM

◊ GREENHOUSE

◊ MAYER

◊ MCKEE

◊ NIEDRINGHAUS

◊ PAYNE

◊ POLITKOVSKAYA

◊ QUINDLEN

◊ SONTAG

◊ STEINEM

◊ VYARAWALLA

◊ WALTERS

◊ WELLS

"Law and justice are not always the same. When they aren't, destroying the law may be the first step toward changing it."

Gloria Steinem

112   Greta Thunberg (2003–)

Greta Thunberg is a Swedish environmental activist, born in Stockholm, 2003. Thunberg first learned about climate change at around the age of 8 and began, over the next few years, to make personal adjustments to lessen her own carbon footprint, becoming vegan and ceasing to travel by plane.

Thunberg rose to prominence in 2018 when at the age of 15, she launched a solo protest that saw her skipping school on Fridays to stand outside the Swedish parliament holding up a sign which read, *Skolstrejk för Klimatet* or School Strike for Climate. As Thunberg's protest gained media attention, more people joined her at the Swedish parliament, and the movement spread internationally, becoming known as Fridays for Future.

Thunberg has since taken a sabbatical year from her education in order to carry out her environmental advocacy, receiving invitations to speak from across the globe. In 2019 she took an emission free journey on the yacht *Malizia II* to the United States where she gave an impassioned speech on climate change. In that same year she also spoke at the United Nations Climate Change Conference, returning to Europe on the catamaran *La Vagabonde*. Inevitably her activism has drawn both censure and praise. She has received numerous accolades including being named *TIME* magazine's Person of the Year in 2019. Her work has resulted in "The Greta Effect" which sees people aiming to lessen their environmental impact.

Outside of her environmental work Thunberg has been seen as an advocate for those diagnosed with Asperger Syndrome, raising awareness of the disorder and inspiring others with the condition. In 2018 she noted "I was diagnosed with Asperger's syndrome, OCD and selective mutism. That basically means I only speak when I think it's necessary. Now is one of those moments."

"People are suffering. People are dying. Entire ecosystems are collapsing. We are in the beginning of a mass extinction. And all you can talk about is money and fairy tales of eternal economic growth. How dare you!"

Greta Thunberg

```
D L R O W F S R E G R E P S A
U L E P N R H O U S E G N M T
V E N C L I M A T E U U B A E
A H V N S T H T F L B A E L R
G C I O F T I P B F S C C I G
A A R R G M F E R S H O N Z M
B R O D E E N I A F F N E I A
O H N I O K D D M O H S R A K
N E M C I A O D R L L C E I S
D S E A Y R S U E A F I F I G
E W N S E P M C U S I E F N Y
B E T H G I R D H N E N I R L
L D A V A Y A F L O C C D A F
W E L G D T O F A V O E T L M
C N E W O D S N E R D L I H C
```

◊ AMBASSADOR OF CONSCIENCE AWARD

◊ ASPERGER'S

◊ ENVIRONMENTAL ACTIVIST

◊ *FLYGSKAM*

◊ FRIDAYS FOR FUTURE

◊ FRITT ORD AWARD

◊ GULBENKIAN PRIZE FOR HUMANITY

◊ INTERNATIONAL CHILDREN'S PEACE PRIZE

◊ LAUDATO SI' PRIZE

◊ LA *VAGABONDE*

◊ *MALIZIA II*

◊ *NO ONE IS TOO SMALL TO MAKE A DIFFERENCE*

◊ NORDIC COUNCIL ENVIRONMENT PRIZE

◊ *OUR HOUSE IS ON FIRE*

◊ RACHEL CARSON PRIZE

◊ RIGHT LIVELIHOOD AWARD

◊ SCHOOL STRIKE FOR CLIMATE

◊ SWEDEN

◊ THE GEDDES ENVIRONMENT MEDAL

◊ THE GRETA EFFECT

◊ *TIME* PERSON OF THE YEAR

◊ UN CLIMATE ACTION SUMMIT

◊ WORLD ECONOMIC FORUM

Abolitionists

```
R L H W N Y A T M E O D S S W
L E U R L A T S T R N R C E G
B E O A U P M T A O T R U T H
E S L T P T E E M N C B L E B
E E L F S S A D E H T L M Y S
C K T A L O E W M R A H A B V
H M O R E R O S A O F B O W S
E I I C D H H C D T N C T N I
R R U H V A W S T B A T N V Y
S G W D R F H O E J Y O O F Y
T Y W P N A M B U T Y I M N G
O M E D D T L O W E L L I D F
W R F D I P Y F E D G V S F T
E C H I L D O U G L A S S M G
R E N R A G M N E T R O F F C
```

◊ ALCOTT   ◊ FREEMAN   ◊ MOTT

◊ ANTHONY   ◊ GARNER   ◊ PAUL

◊ BEECHER STOWE   ◊ GRIMKE   ◊ REDMOND

◊ CHILD   ◊ HARPER   ◊ ROSE

◊ CRAFT   ◊ HOWE   ◊ SHADD

◊ DOUGLASS   ◊ JACOBS   ◊ SIMON

◊ EDMONTON   ◊ LOWELL   ◊ TRUTH

◊ FORTEN   ◊ MORE   ◊ TUBMAN

"I looked at my hands, to see if I was de same person now I was free. Dere was such a glory over everything, de sun came like gold trou de trees, and over de fields, and I felt like I was in heaven."

Harriet Tubman

```
O T N E M E V A L S N E O C N
W Y O A B O L I T I O N I S T
K D I S W A R T E K I L L I N
E O T E S E T I R E L L I M A
E U A R P E L E G L Y P A P R
R G G O S A E C B H I T D S G
C L E B G C C R T V T O U O I
E A R I N F R S F H C S T N P
L S G N I N E W E M A C C A A
T S E S H Y O W D D U S H R I
T W S O C M S S C U N A V E H
A P E N A O M A N D M M B T P
B N D N E R N C R E W O E E O
E S T K R O Y W E N B H N P S
H N O S P M O H T M M T A T O
```

- ◊ ABOLITIONIST
- ◊ "AIN'T I A WOMAN?"
- ◊ BATTLE CREEK
- ◊ ISABELLE BAUMFREE
- ◊ GEORGE BENSON
- ◊ DESEGREGATION
- ◊ FREDERICK DOUGLASS
- ◊ JOHN DUMONT
- ◊ DUTCH
- ◊ ENSLAVEMENT
- ◊ ESCAPE
- ◊ ULYSSES S. GRANT
- ◊ ROBERT MATTHEWS
- ◊ MILLERITES
- ◊ NEW YORK
- ◊ PETER
- ◊ PREACHING
- ◊ MARIUS ROBINSON
- ◊ MARY SIMPSON
- ◊ SOPHIA
- ◊ SWARTEKILL
- ◊ THOMAS
- ◊ GEORGE THOMPSON
- ◊ WOMEN'S RIGHTS

Sojourner Truth was born into slavery before escaping to freedom. Following what she believed to be a call from God, she went up and down the land advocating for abolition and women's rights. Truth was a popular speaker and her speech given at the 1851 Women's Convention in Ohio, later called "Ain't I a Woman?", is particularly remembered.

Dancers

```
A N I R E N H L G I V O G B E
C I E R F O N T E Y N T E C F
G I V Z S A V K O N I T L A E
Y B M I W T R S M C V B D L I
B A J E R U D C A H P S T O H
T M D G B C A R H N U S H B C
A U V L M A O N N M A O A T L
U R B E T N A S U C Y R E A L
I P P R P C A G D E A N G G A
R H E R N T W M R S M I T L T
O Y I U A L L A G A R T E I P
G C D H M W G Y M I H V V O P
E A D N A R I M N C W A R N S
R T G O Y R P G O N I M M I G
S W P P A V L O V A E N S N H
```

◊ AMAYA   ◊ DUNHAM   ◊ PAVLOVA

◊ BAJER   ◊ FONTEYN   ◊ PIETRAGALLA

◊ BARAS   ◊ GRAHAM   ◊ PRICE

◊ BURKE   ◊ HOYER   ◊ ROGERS

◊ CARON   ◊ LYNNE   ◊ TAGLIONI

◊ CASTLE   ◊ MIRANDA   ◊ TALLCHIEF

◊ DEWAN   ◊ MURPHY   ◊ WIGMAN

◊ DUNCAN   ◊ NERINA   ◊ ZIEGLER

"Belonging shouldn't mean you are like everyone else."

Misty Copeland

```
O N O I T P E C A R T N O C C
E F S M O T H E R H O O D E O
O V V I V F D E N N A L P A M
P I N C U S G Y D R I G H T S
E V T F E N P K R U Y T H E T
S N M Y A E N M C R C G G N O
L F R S H O H S E U I A M Y C
L R L Y W N P V S F D A T O K
I E E G B E E F Y N O R W O B
P E T M E W V M O L A E O V R
E D C C R Y G B M P U U M S O
H O H P D O O H T N E R A P P
T M O R H R F P L O R T N O C
V C O D E K F E M I N I S T U
T S I V I T C A R S V L W F E
```

◊ ACTIVIST

◊ ETHEL BYRNE

◊ COMSTOCK LAW

◊ CONTRACEPTION

◊ FEMINIST

◊ FREEDOM OF SPEECH

◊ *MOTHERHOOD IN BONDAGE*

◊ *MY FIGHT FOR BIRTH CONTROL*

◊ NEW YORK SOCIALIST PARTY

◊ GREGORY PINCUS

◊ PLANNED PARENTHOOD

◊ REPRODUCTIVE RIGHTS

◊ SEX EDUCATOR

◊ WILLIAM SANGER

◊ SOCIAL REFORMER

◊ THE PILL

◊ *THE WOMAN REBEL*

◊ *WHAT EVERY MOTHER SHOULD KNOW*

Feminist Margaret Sanger's reputation is tarnished by her controversial belief in eugenics. However, her contribution to reproductive rights for women makes her an important figure. She opened the first birth control clinic in the United States in 1916 and founded the organization that would become Planned Parenthood.

Comic Book
Artists and Writers

```
R E Y Y A T O L I M R T B I S
U S R D F R I S O N U W M O E
L L E V E N S S A U V A G E M
C V H L A N E N O M I S R M R
Y L C Y P R N N P H I R O W O
V R O D B A S E S T B W B Y K
I A R O S T T A K W T N B C N
K D U A N E H S R Y T U I O S
A E D G B A N T M E E N N H E
M K E L K B N O L N N R S D V
A A R A W V U H J O N I M D E
T T T R R M D L C C E V I O R
A V I N F S D E M R B E M R I
V F P S M A D T D A V R N A N
M A R C H E T T O Z F A S N S
```

◇ BARRY
◇ BENNETT
◇ CLOONAN
◇ DECONNICK
◇ DORAN
◇ FRISON
◇ JONES
◇ KENNEDY

◇ LEVENS
◇ LOTAY
◇ MARCHETTO
◇ ORMES
◇ PITRE-
  DUROCHER
◇ RIVERA
◇ ROBBINS
◇ SAUVAGE

◇ SEVERIN
◇ SIMONE
◇ STAPLES
◇ STOHL
◇ TAKAHASHI
◇ TAKEDA
◇ TAMAKI
◇ ZARCONE

"I use Sue and I insist on using Sue so that
when someone sees a book with my name
on it, they know it was written by a woman.
I want a little girl who sees that to know
that that's something she can do."

Kelly-Sue DeConnick

LGBTQ+ Activists

```
I H R D W R U Y B V H S C U S
U J T A K A T U Y B M Y P V D
A S U C O R A D O I E P D E I
S E I S T I D T T L H W E I V
T V L W T E F H L G T S R R A
E H V L R O W E I S O I I E D
I R N M I W H R U N M M L V D
N H R D P S I H I A R S L R R
R O S D N I W C N G T E E A A
D S Y S D F E F C V H D N L W
B N E L U T O T L D R T O E O
F E T L N R W A I T H E T D H
L V C O D K A A H U M A N U M
E I M O B G V C D E S O A U V
I G T V X H Y C O N K O M Y U
```

◊ ANTONELLI	◊ HOWARD	◊ OTSUJI
◊ CORADO	◊ KA'AHUMANU	◊ SHELLEY
◊ COX	◊ KATJU	◊ SMITH
◊ DAVIDS	◊ LEES	◊ STEIN
◊ DELARVERIE	◊ LYON	◊ VAID
◊ DITSIE	◊ MANFORD	◊ WAITHE
◊ ELLIS	◊ MONTECINOS	◊ WINDSOR
◊ GIVEN	◊ NKOM	◊ WRIGHT

"When we start to live for ourselves, and be a little bit more selfish, I think we'll lead more fulfilling lives."

Lena Waithe

```
E N O I T U C E S O R P U S E
E C N A R A E P P A S I D M V
N I N V E S T I G A T E S E I
C N A R C H A E O L O G Y L L
H N T P A S S E R P Y C T B U
R O R Y A U Q R O T S P V O O
I C E D V R W M L E L A T R Y
S E D C E D T S A A P H G P M
T N R Y M A S E Y R E A F A N
I C U G O E T W S S P D L S P
E E M M N R R H U U U L R T O
D M I T W I K N M A O C E O I
G E I I G F W C L W F M I R R
A W V H T T O C A M T S E W O
R U T N E M T N I O P P A I T
```

- ◊ *APPOINTMENT WITH DEATH*
- ◊ ARCHAEOLOGY
- ◊ ARCHIBALD CHRISTIE
- ◊ *COME, TELL ME HOW YOU LIVE*
- ◊ DISAPPEARANCE
- ◊ EDGAR AWARD
- ◊ *EVIL UNDER THE SUN*
- ◊ MAX MALLOWAN
- ◊ MISS MARPLE
- ◊ *ORDEAL BY INNOCENCE*
- ◊ *PARKER PYNE INVESTIGATES*
- ◊ PLAYWRIGHT
- ◊ HERCULE POIROT
- ◊ SAD CYPRESS
- ◊ *THE MOUSETRAP*
- ◊ *THE MURDER OF ROGER ACKROYD*
- ◊ *THE THIRTEEN PROBLEMS*
- ◊ TORQUAY
- ◊ MARY WESTMACOTT
- ◊ *WITNESS FOR THE PROSECUTION*

Agatha Christie was an English novelist. Christie is listed by Guinness World Records as the most translated author with her writing available in more than 100 languages. Christie's most famous character is the Belgian detective Hercule Poirot. He appears in more than 30 novels, including *The Murder of Roger Ackroyd* which is often called the best crime novel ever written.

Feminist Fiction

```
G B M Y R M G N I N E K A W A
N Y S N E M O W R R B U I L D
I O E V W L U R Y P A S E W N
Y Y C F O S P A O S A E N D T
L H W D P T B R P O D N F A D
F S O V W O C E U R M A F E R
O L B W D W A V O P T A R D D
S T N E M A T S E T C D C G D
S G O C L L G S U T N H C N R
A S T M B L A M O I A B A G H
G G E L L P J R K M R L U I N
R G B T U A Y A B G R I A R D
A T O G E P R E R E L Y U L I
S W O S S E R L H L A U R A F
N F K M T R D E A T H L E S S
```

- A <u>ROOM</u> OF ONE'S <u>OWN</u>
- <u>FEAR</u> OF <u>FLYING</u>
- <u>HERLAND</u>
- <u>HOW</u> TO <u>BUILD</u> A <u>GIRL</u>
- <u>KINDRED</u>
- <u>LAURA</u>
- THE <u>AWAKENING</u>
- THE <u>BELL JAR</u>
- THE <u>BLOODY</u> <u>CHAMBER</u>
- THE <u>BLUEST</u> EYE
- THE COLOR <u>PURPLE</u>
- THE DARK <u>ABODE</u>
- THE <u>DEATHLESS</u> GIRLS
- THE <u>DOLL</u> <u>FACTORY</u>
- THE <u>GOLDEN</u> <u>NOTEBOOK</u>
- THE <u>POWER</u>
- THE <u>TESTAMENTS</u>
- THE <u>WOMEN'S</u> ROOM
- THE YELLOW <u>WALLPAPER</u>
- WIDE <u>SARGASSO</u> SEA

"If you deny any affinity with another person or kind of person, if you declare it to be wholly different from yourself—as men have done to women, and class has done to class... you have denied its spiritual equality, and its human reality."

Ursula K. Le Guin

Solutions

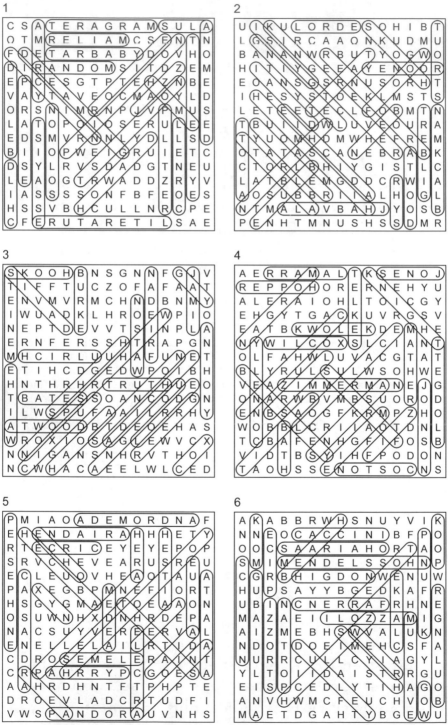

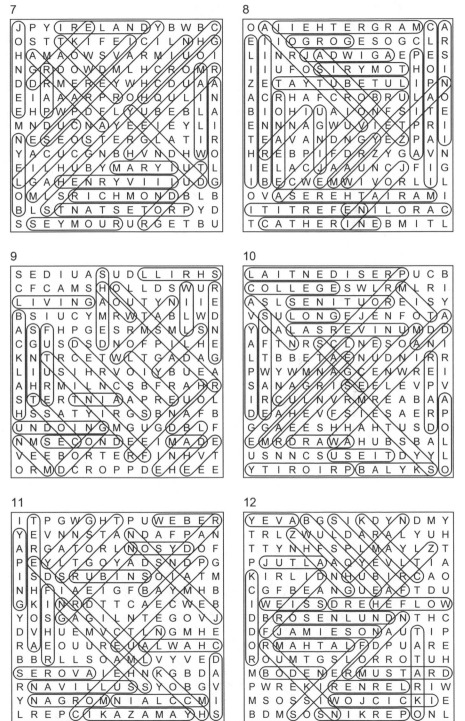

Solutions

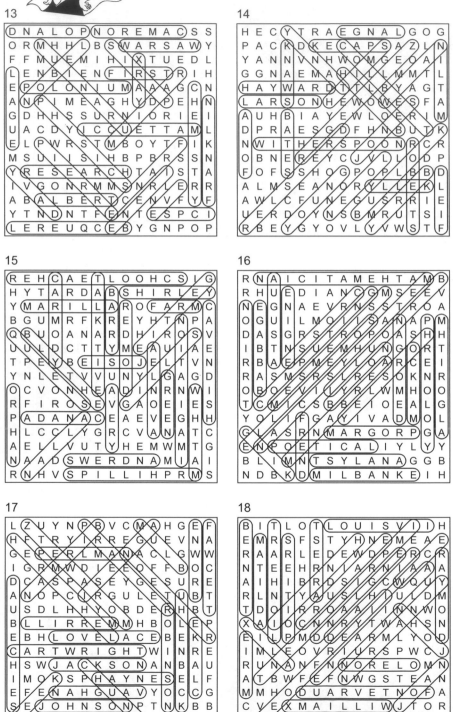

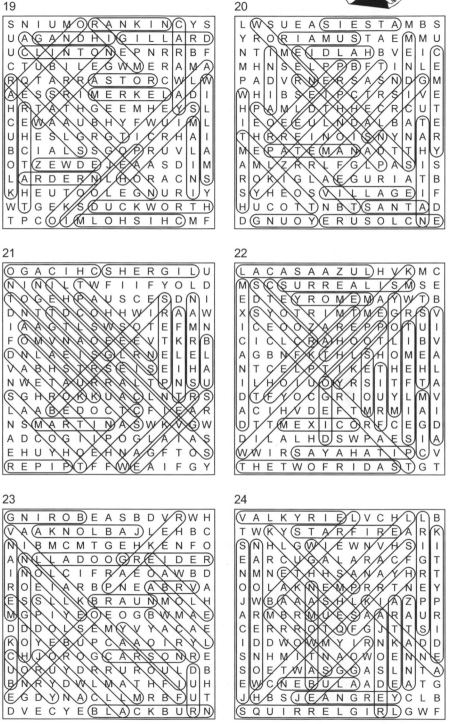

Solutions

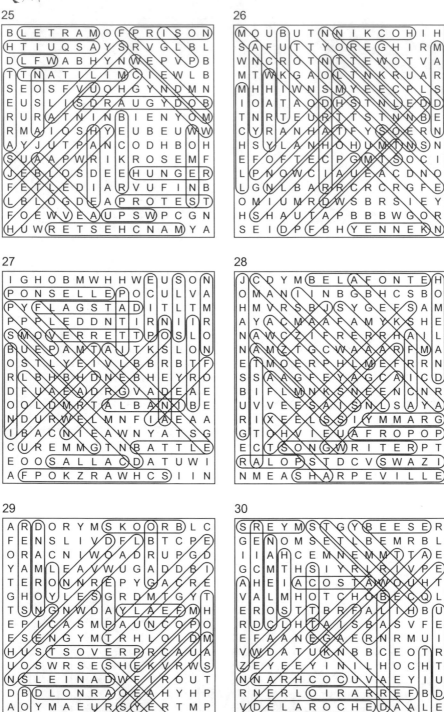

Solutions

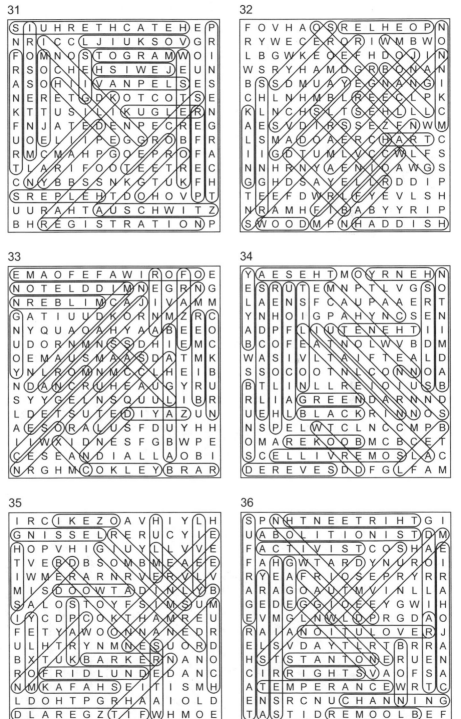

Solutions

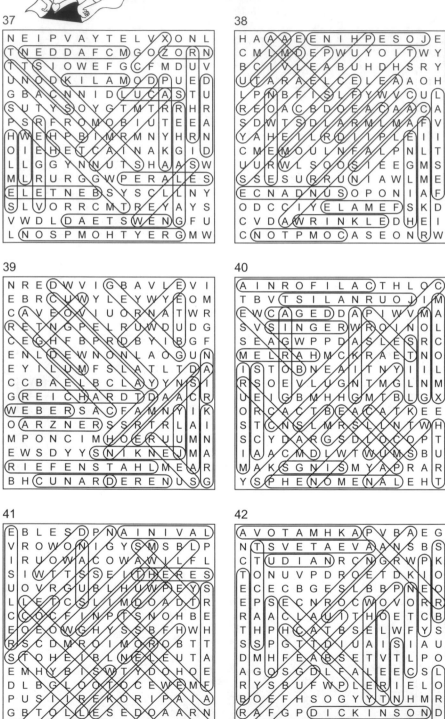

Solutions

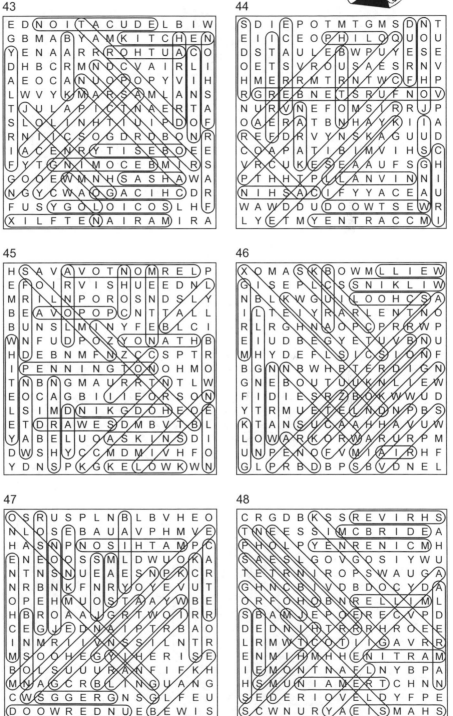

Solutions

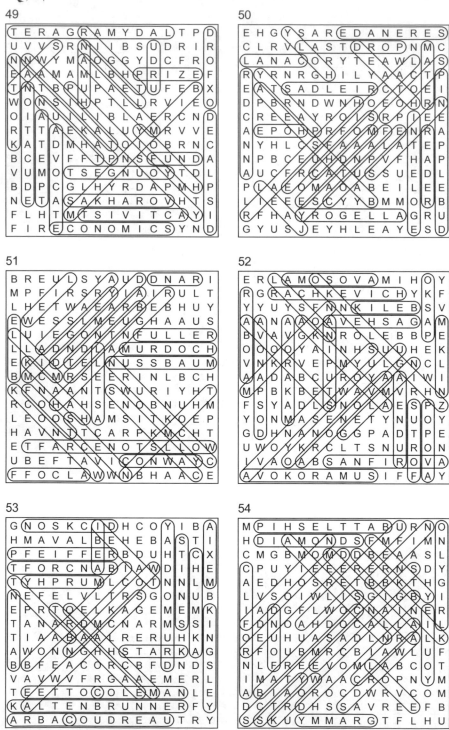

Solutions

55

```
G R A N D E H V A U U C S E C
T O N U O S D R M F S K U L E
U I M M I S E S O R C F B A C
W S E L L L K U I I Y P B E V
R I I B I F P R N M J A M E S
A E N U A O I C A N O I D B C
N Y G E R Y N N M L O N P N T
N A U R H D K D Y P C I E O V
A D E L E O D N A S I E R T S
H I L W S U U Y E R A C O R A
I L S E N R C S E S S I S A V
R O P W U F A C E S V H S P K
A H W Y I C H E R C A R D I B
G U B S F F J O P L I N N F M
T U R N E R T Y G S P G Y M W
```

56

```
L C N A E R G N O I T A T S D
E O B F T Z E L E S I G R E B
F I N W E Y I S R X B I M L A
R M A D L B H R I A E C I V R
A H R F O E P G P A E N Q A M
C M P N I N B L E N R L N C T
M C U K F M A R T Y X A L A G
U R H L A Y O R I F H Y E D N
E N Y L E V E M M D I S E E I
S V I I U O N D A E G G N M L
U P A V I L I O N X D E A Y R
M C B P I C D G H V X A J U I
A R C H I T E C T U V I L C T
D R A W A A R P M U J I K S S
B L B R O A D A R T D U S F B
```

57

```
I S L R H T U R B E T E R C S
B E U L E S V I H E O C A I A
M L D B E L O F H M R R M D W
A R T R I N L L V L R Y I R I
N A D P E I N I O N E C J A L
D H E F E W Z O D B G D E B B
R C V G F A T N D R T E S O R
U F N P I G E M A O L C N B A
P A G D L I C Y N K C Q S B H
G D M B A O D G B F O K A E A
H F T T A M I N M Y L V G T M
Y N O H A M D O G A S G M H V
C C N V B E A U R T V O S U W
M N E D Y A H E M O R G A N T
L E V E T E K T B I D S V E B
```

58

```
P S E N I N Y T E N I N R B N
U D P H R G L O C K H E E D O
T K E E N A L P I B E E U H T
N O B R M S S N D N Y N O H G
A O D N A C N C O G V A B S N
M N D G A E O I E U D R U P I
S S E R R C P L E N E H G I D
A N T P Y D I P U W O C Y T U
N Z A B V N V R A M R O H A L
I T C M R A V A E S B C N L C
D L H R O L P E K M I I H A A
A U M H Y W O W D E A D A I N
P T E M M O A L A N O I T A N
S S N P S H V O L U N T A R Y
N A T S S O R C G N I Y L F S
```

59

```
W L A Y G B N O S L I W P N I
A O H C O A M M F T I V I N S
T Y S C C K L A H I W H I R E
A I E W U E M O S E S G U V L
W N D H H R R S Y I C H T D D
Y O D A L N R C L W C M E N G
V S O Y T R R I H V L A T R C
B T N O I C S A E P R G M B L
B I N D E N L V B R H N E N A
Y H E M U I I E W N I U L I R
M W H O N A D A A R U S R W K
I W L M G R T I K V H D O D V
C V T L E L O U C U E N Y O E
T R E F F I L U A C M S S G M
E O A Y A K S T I V A S D U G
```

60

```
L I G P R E Y A M D U E R S R
G T N A L I T C N C O S T O N
V T I U L W I L L S O N M O M
S E L R E W O G R C M J B V H
B L B Y H R L A H L O K R G L
I S E A C E E O E H Y E I A F
C A O D T S A G N K C A S N I
D H R V I H Y S N I R E R C G
R R R B M C O U P L G A C C A
E T H G I N K S N D L R L N C
M C F Y L W H S O I M L C C V
I H T S Y N T H T H L U U Q L
L W D N O M M U R D G U P P Y
C M M P N I F O Y C H I L D S
V V A N S I T T A R T H O L W
```

Solutions

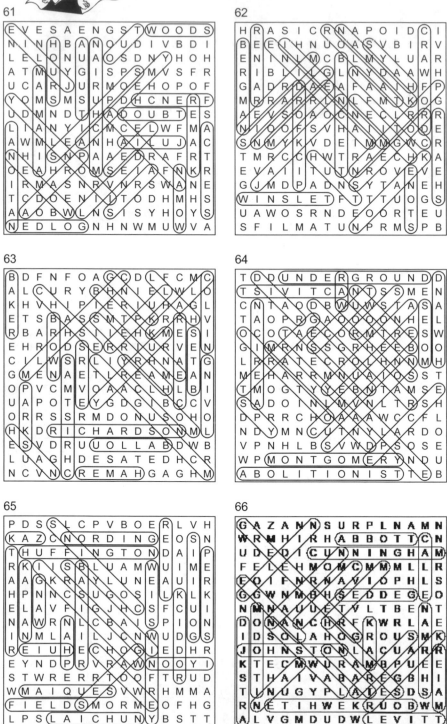

Solutions

67

```
T L E L R E D E V N C U R I E
S I R L E A F C E T A B E I R
S I B I G E L O W H A R T O N
G N B A N D A R A N A I K E U
G A I A A N A I T S I R H C H
B H R K S A V I T S K A Y A T
L K N M R S F R A N K L I N E
A A A O H E I O C O N N O R R
N Z M R L H P B I C B P T H B
C R E T I A A H T A M R R A L
H I L S G O T T U H B S A Y I
A M O O N G M A H A R G H N G
R N C E I C R U M P L E R E I
D A V O K H S E R E T S A S U
Y F F U D T B L A C K W E L L
```

68

```
B P H N M N V L V N R S Y B N
E E S H A H I D I M H H A F B
D F E W R G R D M V B E S A F
R A O W Y Z U B C H Z P E M R
O C P N O Z E U P Y A P E S U
L C S A Z B U L A E I A C A E
R A T A M S G R A A F R L B A
A C A M M K H G H Z B D A S N
T N H A E P H T R I N K F T E
H A D U W N A U S E E O B S S
B D D P E A I T R R B D G K I
A E T A M R F E P S L N R O V
A I V R C V T N T A T P U Q A
D R I K F I R A H S L A C H D
Y F S S O I A Z F A S U O Y T
```

69

```
C T F Y D O F L P U N H F L U
O B H E A L T H E E D P W O W
N F V T G R H M H N N W H L E
F I C E E O P E O B P A O P T
L H S N B T P C I V I L W A R
I D R P U L E J T A T H E L L
C T E I A S U H M S C L C W V
T O W W D S V E A E I H V N N
D O O L T S J E R Z J O L I W
U L P I O B L L I F Y E V O
T V C T H Y E B G R B R E L M
G E I N L B I V F P E B W H I
O N J I O L A I C O S F O N G
S A A N M O T H E R G G B N H
Y D F P M N E S P I W M G T T
```

70

```
P R E S A S C W M R E N Y O J
E A Z A R E N K A L N L D P B
L E T B R T B I N S O E I N I
A U S T F A B R A E D D D M C
H F Y G E B D W V E D E R L E
S C B T T E L C O T N C I Y N
S E R P E I A K L N M K K N A
Y H L V Y S W A X I W Y S A M
W R A E S H S T N F U O M O
E U P R B S E A A O G F N S C
G D R D A Y N Z R S U H E I I
H O N V A P O N V B V U H A C
T L L O L R O N A I F I A R V
Y P E N N I H V N G L B M B V
N H V N B H H F A L H B M V W
```

71

```
C R O L R U N P G W D S N T P
H W A T D O N L L F H R U O M
I B I C D G G A N E A N I O M
C W I N I G C Y B P I D N B N
A P O E G A E E R T L R P N T
G L R R C E L R E M A E T E C
O L C M L I R D C O W D P D A
O A G V E D S G C R D D O L L
W S R V D T C A O G Y I R O I
V Y E M A L A U S A O N T G F
R S I T V Y P E P N L G L B O
L F E P R O T E S T L F A V R
E S T A R S A H T W Y V N A N
L G B T Q R I G H T S H D T I
S N E M O W N B E S T F I F A
```

72

```
T N I M A N N E R H E I M D Y
G H L L E V A C R R N R R O E
N N G L H W L I V V S A H D N
U V D I A Y C L U R L G L T O
P U U E R H O H E L B P G S H
F R P N A W D P A W E A N Y A
W G E R B L U B V N K N I H M
U I D S E A D I V D A C K W Y
Y S M V T H O E H M S A A E W
S S P S T O L D I D L A W L Y
A U B O O O N E I N O T R A B
N A P I C Y R M A X W E L L F
G T L A I L N O S R E D N A U
E H E B P L D B G I N G B M O
R S M U O Z A K R Z E W S K A
```

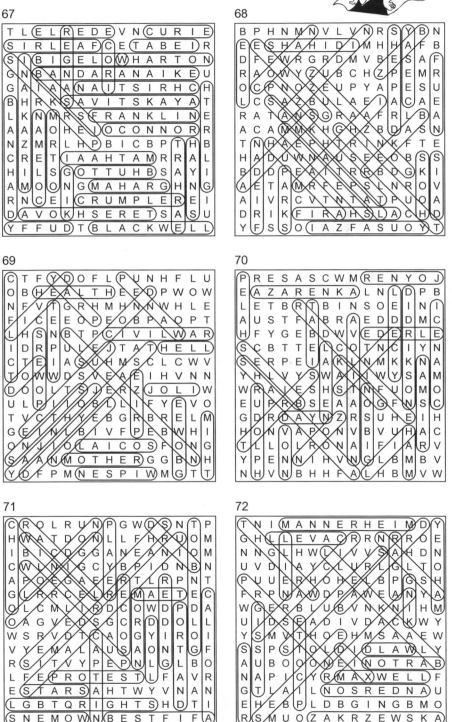

151

Solutions

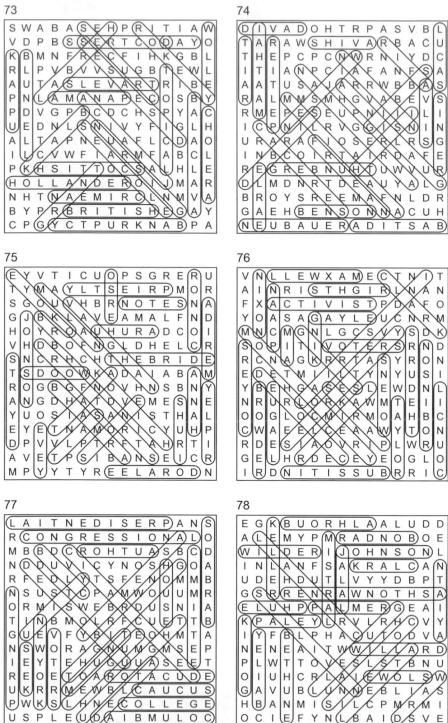

Solutions

79

N	U	H	A	P	E	P	P	A	S	A	L	R	B	T
E	A	F	A	S	S	U	M	P	T	I	O	N	E	T
U	L	K	H	S	M	O	L	N	Y	S	F	A	T	H
G	M	S	A	W	B	T	F	E	O	S	C	G	S	O
A	P	N	H	Z	I	P	S	F	E	U	T	I	K	M
E	E	O	A	S	B	N	G	Y	A	R	I	F	O	E
L	T	V	T	P	N	S	T	V	Y	I	F	Y	Y	W
P	R	O	Z	W	P	E	T	E	R	S	B	U	R	G
O	O	K	U	S	I	S	S	E	R	P	M	E	R	A
T	V	A	B	C	C	A	T	H	E	D	R	A	L	M
E	N	H	O	S	T	E	R	M	A	N	F	A	N	O
M	A	S	V	B	P	E	T	R	O	V	I	C	H	S
K	R	U	S	S	O	T	U	R	K	I	S	H	F	C
I	N	S	T	I	T	U	T	E	O	B	I	H	A	O
N	E	U	T	R	A	L	I	T	Y	B	F	D	U	W

80

C	T	E	R	E	W	T	E	H	E	M	F	G	H	W
T	E	I	T	T	T	A	T	V	E	N	O	A	B	T
S	T	U	E	I	H	E	H	C	U	Q	T	W	I	T
Y	N	S	J	P	A	K	H	E	T	H	E	M	G	E
H	E	A	D	E	T	S	I	C	O	L	M	T	E	B
T	M	A	A	N	E	E	T	R	E	A	O	U	S	H
H	I	S	W	W	T	K	T	E	A	B	W	H	A	K
P	U	E	P	R	U	H	G	U	R	N	E	P	M	E
E	V	T	A	T	N	M	C	T	N	S	U	K	U	N
N	H	T	S	R	E	E	M	C	M	F	O	K	N	G
P	S	D	S	N	N	T	R	E	S	N	E	W	E	G
A	S	G	H	U	E	G	T	A	W	E	M	T	T	T
B	W	I	E	D	R	E	T	R	D	I	U	E	C	E
Y	T	U	T	U	T	I	B	A	S	T	E	T	D	G
D	O	D	O	W	S	S	G	U	T	H	W	T	L	L

81

G	R	U	N	B	N	F	E	M	E	I	H	T	L	Y
H	M	A	A	D	O	F	U	M	P	B	A	O	E	E
W	M	C	A	R	T	H	U	R	N	Y	B	P	H	N
F	C	I	N	O	T	F	S	H	B	H	R	O	S	T
O	M	U	A	M	U	G	O	A	R	P	H	E	C	R
L	Y	N	C	H	H	C	V	A	Y	O	W	L	H	A
A	N	D	E	R	S	O	N	G	P	R	D	L	G	C
L	I	N	D	A	F	H	E	G	E	B	Y	A	E	C
O	C	A	V	E	N	D	I	S	H	H	A	D	L	M
T	S	P	P	I	H	P	I	H	M	K	O	O	L	G
L	F	R	K	D	R	N	B	P	H	A	E	O	A	I
A	T	S	A	U	G	M	W	E	N	H	D	G	T	L
A	A	V	M	E	E	G	E	C	O	W	W	A	L	B
B	I	R	R	L	I	L	H	H	B	U	U	N	E	O
S	B	O	L	S	E	L	U	O	K	A	R	D	Y	A

82

L	T	T	N	E	D	L	O	G	G	R	R	I	B	E
L	C	Y	S	Y	S	L	N	N	I	E	S	A	F	A
W	Y	V	M	O	O	U	I	O	P	O	V	S	P	C
H	T	M	V	I	H	K	N	U	P	P	D	B	V	T
Y	E	W	H	A	T	V	S	D	O	R	U	E	T	R
W	E	R	A	Y	N	O	T	R	A	T	A	I	D	E
S	M	A	H	A	R	G	E	W	L	Y	D	H	P	S
R	S	E	L	M	A	C	A	E	D	R	V	E	’	S
E	W	T	Y	V	U	G	R	D	T	A	A	U	D	S
H	R	U	O	D	W	T	E	S	O	B	M	E	C	C
C	A	U	O	D	H	L	N	E	O	U	V	A	H	O
T	M	R	S	G	P	A	O	D	G	O	Y	O	V	H
A	P	Y	I	R	A	O	Y	E	L	K	N	I	R	W
W	M	E	U	C	O	C	V	E	L	H	B	E	W	M
B	W	P	P	S	O	F	B	N	E	T	W	O	R	K

83

D	A	I	N	D	M	E	D	G	M	F	P	S	G	O
C	S	V	R	U	L	E	C	O	G	A	W	M	R	R
U	W	O	W	B	N	E	S	R	D	E	A	I	A	N
S	F	O	H	D	R	S	Y	D	S	T	O	T	U	M
E	U	W	L	V	H	N	A	O	W	R	A	H	N	T
A	A	O	E	A	I	N	F	N	D	N	N	L	O	U
Y	V	N	R	L	F	O	M	A	E	L	M	O	S	Y
E	K	T	P	T	C	T	N	B	Y	B	D	D	N	N
A	W	O	N	E	S	T	S	C	A	B	B	I	A	O
E	J	L	Y	S	A	I	W	I	L	L	I	A	M	S
A	I	R	W	L	L	D	O	E	S	K	C	I	N	L
J	Y	R	R	A	H	I	L	U	M	W	N	D	F	I
N	E	L	R	A	O	L	C	S	X	L	E	S	C	W
U	L	T	U	U	A	D	R	K	T	A	V	S	P	V
T	L	H	T	D	C	P	V	G	L	F	W	U	T	F

84

O	I	R	E	G	N	I	S	S	E	L	H	C	S	B
C	A	L	D	E	R	E	D	L	I	W	I	C	M	W
F	P	I	Y	U	C	C	R	E	W	S	A	R	R	S
M	S	E	T	O	P	R	A	N	S	R	R	Y	I	L
L	G	B	R	T	E	S	B	A	M	S	Y	R	T	D
R	M	D	E	I	O	T	B	I	I	E	H	H	W	R
E	H	G	C	P	T	I	C	E	N	E	I	Y	H	I
I	M	R	N	O	R	H	G	N	P	L	T	N	C	A
E	E	G	R	I	A	E	I	A	L	L	E	N	Y	B
M	T	T	T	E	M	L	P	M	I	R	N	E	G	G
L	B	I	L	U	I	E	A	O	S	B	L	N	O	O
H	I	U	N	L	Y	N	D	G	N	H	E	P	O	S
A	N	D	S	D	C	R	B	T	S	S	B	A	D	I
D	A	H	L	H	B	E	N	A	N	T	I	I	E	U
D	N	O	S	B	O	R	E	E	A	I	N	N	E	S

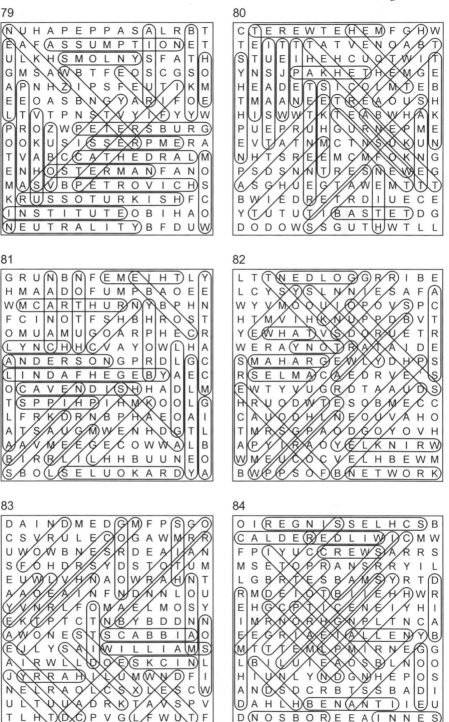

Solutions

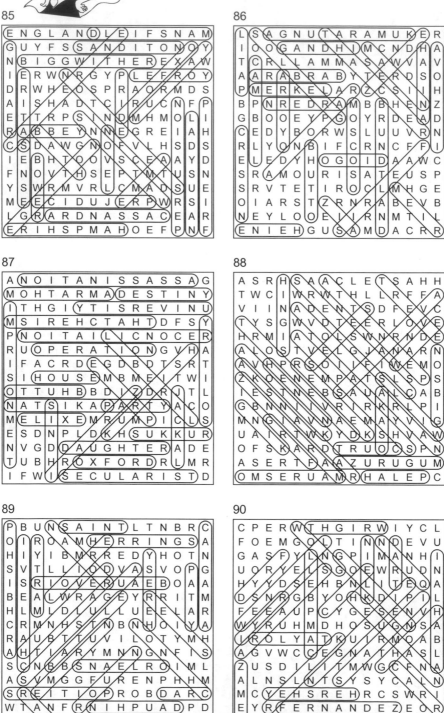

85 86

87 88

89 90

91

```
M V U Y P U N O I T A C U D E
M A G I S T R A T E R T C O E
W I T T E N O O M E Y N B D E
N R T T Y M C B B Y T E Y E N
O I E E A G H M T D E M E A G
I G G O U K E W D D I A T G N
T H W L S M A P O P C I N W I
C T E S T O P R D V O L O C T
E S L E R O S Y R N S R S O E
T V F T A H E L A A B A A W E
O D A T L P X L O F K P M A W
R N R O I V I S B A E M E N S
P S E C A S U F F R A G E A N
S A R O T A N O T D L A R E G
S N E R D L I H C L M N F M O
```

92

```
N E L A D S A E T M M E D D S
N O S N E H V M A A V V U T T
W I L K I N S O N R Y O N Y R
F I T Z M A U R I C E D O W O
I P U D R N E P E R W M T E U
H R A E D E O D S K O O X L T
L O E T S D K T T R L D E L O
V U L S P B W C R E A A S S B
B L C E R B P I U A W A W Y P
M X V I L R S C A T H E R I L
T A C R G O V L C M L W A A L
T T H P N O V F F U I T H E E
S U R A A K G V Y L H I R H W
I N G A R S F L L B R O U R O
W V I W T G S E P I P C W H L
```

93

```
N C O A Y E N W O D L U M W F
N H A T G L I Y V I S S E R M
A A D O O H D P A T R I C K O
M D U L Z E R D F I S H E R U
T W G L T V A U H O W P Y D T
A I A I I B B T F C O W H S O
H C S V M F M I S W A A D E N
F K T E H N O I E I W M G S W
H F S D C T L L S K O G A U S
R L L V S V L E I N E U U T R
E P F O E P M N O L U T E F I
H E O S W A S S P B G H I U D
Y T T B J B L T C G W R D A A
H R N T D I M H C S N I E L K
O E S V W D W O H L W E N D E
```

94

```
T R A N S L A T O R E W W B I
M H E B A A S R E A L L I F E
I M L A Y M R E H C A E T O G
L B L L R G O G R I M V P W W
C B J L B G B W O A E A Y R F
O V O B F R O L S D E R I O D
F R H V Y S A V C H W T R N D
T U N E D U T U E S E X I G G
S W S N Q U G B T R G L N S U
I Y O E C B A H L I N F L E N
N H N D L G M N O R E G E A
I Y P R R I B A S E O P S C Y
M O A A R T L B N O U D B S M
E C M C U L A C I T Y L A N A
F A N M R E H P O S O L I H P
```

95

```
V E D P A Y B D V G E T I S C
L C N E L N E I N E T R A G R
D D A C V A A R S U W E R C E
N I K F H F R H H E A U G O N
N S A N T I N I K P S W R M N
D B Y F V M L K M C M B E E L
R H A H T C C D A W I U S R P
A O M F Z O P L R O T R H F M
W G A S D I L G T O H B A O I
D A W A O E T A E I I P M R D
O L R O D N A R W C N D I D G
O C H A H R I M O S P Y Y P N
W K V M Z O G R L C O H N C A
P P S A Y W A T E R S N W F H
L G K C C B O U R G E O I S C
```

96

```
S S G G E K C O M A N E C I G
E E B B N S O F I M W X E M M
T M I I I E S O K G Y I N A Y
T L L E L R S M C F H L V R F
T O E B K R Y T A H G E P D R
O H S K N O A I P I Y F C I E
C E R S A T H L M A L U L N E
S C N D R W O D B O T L L I A
M O A Y F D A N E H E N I E A
N U M I U F I T B F E M H W N
R G H R R S T E U G R W S S U
T H C E I T R F C O M A I A F
H L A B N T U B W T M C N I G
U I O M T G E I L S E L N T A
B N C G M V R E T T O N E H Z
```

Solutions

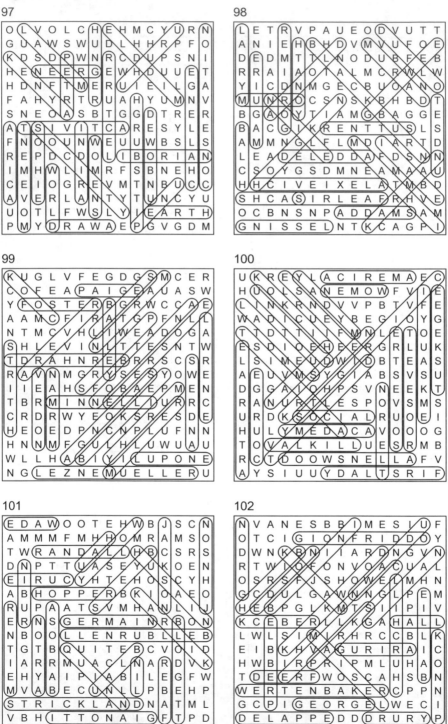

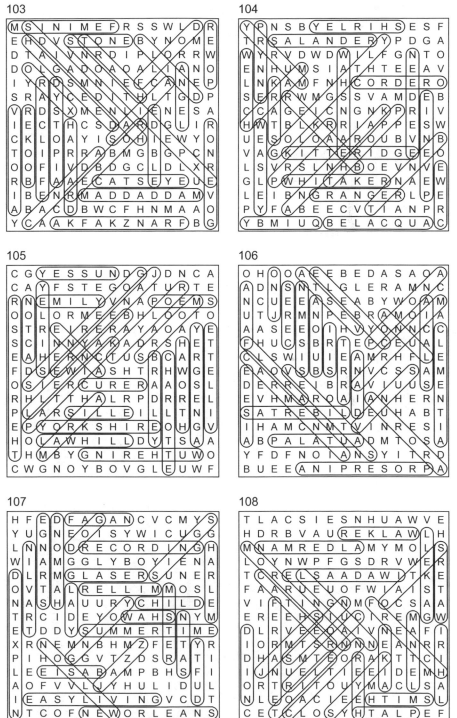

Solutions

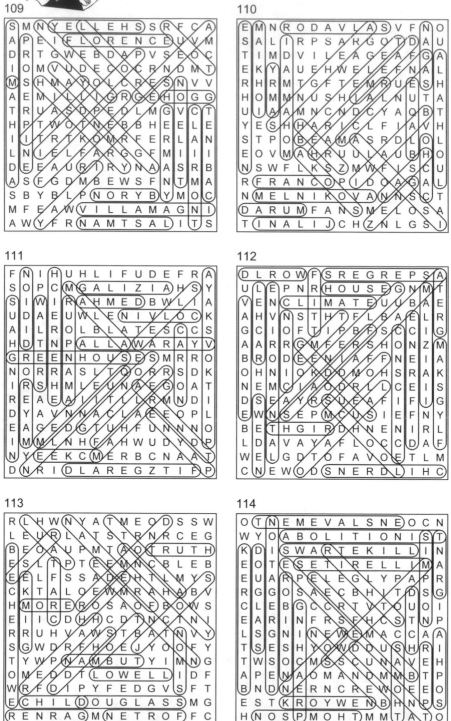

Solutions

115

116

117

118

119

120

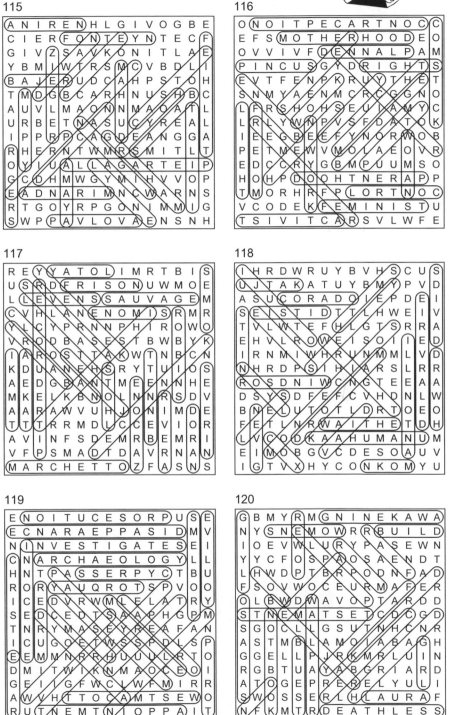

Printed in the United States
by Baker & Taylor Publisher Services